MARBURGER BEITRÄGE ZUR KIRCHLICHEN ZEITGESCHICHTE

Band 3

Marburger Beiträge zur
Kirchlichen Zeitgeschichte

Band 3

Hans von Soden

Leben und Werk

Herausgegeben von

Jochen-Christoph Kaiser

in Verbindung mit
Thomas K. Kuhn, Rolf-Ulrich Kunze und Roland Löffler

Tectum Verlag

Jochen-Christoph Kaiser

Hans von Soden. Leben und Werk
Marburger Beiträge zur Kirchlichen Zeitgeschichte; Bd. 3

ISBN: 978-3-8288-4076-8
ISSN: 1867-7592

Druck und Bindung: CPI buchbücher.de, Birkach
Printed in Germany

Besuchen Sie uns im Internet
www.tectum-verlag.de

Bibliografische Informationen der Deutschen Nationalbibliothek
Die Deutsche Nationalbibliothek verzeichnet diese Publikation in der Deutschen Nationalbibliografie; detaillierte bibliografische Angaben sind im Internet über http://dnb.ddb.de abrufbar.

Inhaltsverzeichnis

Vorbemerkung des Herausgebers

Aus der intensiven Beschäftigung mit der neuesten Geschichte der nordhessischen Landeskirche in den letzten Jahren ging u.a. – neben den von Martin Hein und Michael Dorhs herausgegebenen Quellenbänden und der Dissertation von Michael Stahl – die soeben abgeschlossene dreibändige Gesamtdarstellung *Kurhessen und Waldeck im 19. und 20. Jahrhundert* hervor. Auf diese Weise rückte auch der Name des 1945 früh verstorbenen Marburger Patristikers und Neutestamentlers Hans von Soden erneut ins kirchliche sowie allgemeine regionalgeschichtliche Bewusstsein. Nicht zuletzt die Namensgebung des Zentrums kirchlich-akademischer Weiterbildung beider hessischer Landeskirchen als Hans-von-Soden-Institut in Marburg steht für das neuerwachte Interesse an dieser Persönlichkeit.

Hans von Soden gehörte nicht nur zu den einflussreichsten Vertretern der Theologischen Fakultät in Marburg, sondern wirkte weit darüber hinaus als informeller Wortführer der Bekennenden Kirche in Kurhessen-Waldeck. Er blieb dabei unabhängig in dieser Position und lehnte nicht nur die deutschchristlich-völkischen Strömungen innerhalb der Landeskirche ab, sondern kritisierte auch jene ‚radikalen' Kräfte innerhalb der BK, vor allem in Berlin, die in theologischer Hinsicht einen gewissen Fundamentalismus vertraten, der sie aktuelle Tendenzen der exegetischen Forschung (Bultmann) kaum wahrnehmen, geschweige denn akzeptieren ließ.

Vor diesem Hintergrund entstand die Idee, eine erweiterte Fachtagung zum wissenschaftlichen und kirchenpolitischen Wirken Hans von Sodens in der Ev. Akademie Hofgeismar zu veranstalten. Die Initiative wurde getragen und unterstützt von der Ev. Kirche von Kurhessen-Waldeck und ihrem Bischof Martin Hein, ebenso von der südhessischen Kirche, in Sonderheit von OKR i.R. Klaus-Dieter Grunwald und Synodalpräses Ulrich Oelschläger. Das Symposion fand dann vom 31. März bis 1. April 2012 in der Ev. Akademie Hofgeismar statt; unter den Teilnehmenden befanden sich viele Mitglieder der Familie von Soden.

Der leider mit Verzögerung erst jetzt erscheinende Band gibt die Beiträge der Referenten wieder, denen an dieser Stelle vielmals gedankt sei. Der Dank gilt weiterhin der Vorbereitungsgruppe um meinen damaligen Mitarbeiter Tobias Sarx sowie Katrin Ott, die – von ihrem Mann Joachim Ott unterstützt – die Satzvorlage für den Berichtsband erstellt hat; ebenso Uwe Tetzlaff, der den Beitrag von Sigrid Bernhardt gesetzt hat. Schließlich ist der EKKW und ihrem Bischof für den notwendigen Druckkostenzuschuss zu danken, ohne den dieses Buch nicht zustande gekommen wäre.

Jochen-Christoph Kaiser
Willingshausen-Steinatal, im September 2017

Geleitwort:
Hans von Soden – Ein Lehrer der Kirche

von Martin Hein

Seiner Profession nach war Hans von Soden Patristiker und Neutestamentler. Er hatte über Cyprian promoviert und auch seine Habilitationsschrift über ein Thema im Umfeld dieses Kirchenvaters verfasst. Das klingt nach einem entlegenen Gelände der Kirchengeschichte, auf das man sich zurückziehen kann, wenn es gefährlich wird.

Doch es war genau umgekehrt: Hier hatte von Soden nicht nur gelernt, präzise, genau und gründlich zu arbeiten. Die strenge historische Methode ließ ihn auch die Frage nach dem Sinn der Beschäftigung mit der Geschichte stellen. Und er konnte sie klar beantworten. Was er dazu gesagt hat, ist so aktuell, dass er selbst zu Wort kommen soll. Sieht man von dem pathetischen, dem Geist der damaligen Zeit geschuldeten Ton ab, könnte es heute noch in jeder Vorlesung gesagt werden.

So begann er seine Vorlesung über Reformationsgeschichte am 4. Mai 1933 sehr grundsätzlich, und was er ausführte, war transparent auf die politische Situation hin:

„Gewiß sind die Losungen von der ‚Freiheit der Wissenschaft' oder die jetzt oft so verächtlich abgetane von der ‚Voraussetzungslosigkeit der Wissenschaft' wie alle menschlichen Losungen zweideutig und einem Mißverständnis, auf Grund dessen auch einem Mißbrauch, ausgesetzt. Vernünftiger und sittlicher Weise kann man unter Freiheit der Wissenschaft nichts anderes verstehen, als daß jede, schlechthin jede Behauptung sich die wissenschaftliche Prüfung ihres Wahrheitsanspruchs gefallen lassen muß, und unter Voraussetzungslosigkeit nichts anderes, als daß sich die Wissenschaft keine Voraussetzungen von außerhalb ihrer selbst diktieren läßt, sowenig im Namen der Konfession wie in dem der Nation wie in dem heute besonders oft beschworenen der Generation; denn im Namen dieser Mächte geschieht das oder droht zu geschehen; die wirklichen Voraussetzungen, die Konfession, Nation oder Generation in der Tat bedeuten, die geschichtliche Bedingtheit durch ihren Charakter und die Verantwortung vor ihrem Recht, machen sich aus eigener Kraft geltend, sind aber eben in ihrer jeweiligen Erscheinung immer wieder zur Prüfung zu stellen, nicht um sie auszuschalten, sondern um sie zu erkennen."[1]

Diese Erkenntnis gestaltet sich bei von Soden auf zweierlei Weise – und zwar nicht, wie man vermuten würde, auf eine „faktische", distanzierte Weise und eine „applikative", existentielle Weise. Hans von Soden hält fest, dass die Beschäftigung mit Geschichte immer existentiell ist und dass es zwei Bezugsrahmen dieser Existentialität gibt: das Individuum und die Gemeinschaft.

„Denn auf zweierlei Weise kann man das Studium der Geschichte auf das Leben beziehen. Einmal so, daß man in der Geschichte Beispiele des Lebens studiert, aus denen man selbst für das eigene und gegenwärtige Leben lernen kann. [...] Weit wichtiger und durchaus entscheidend ist die zweite Weise, das Studium der Geschichte auf die eigene Gegenwart zu beziehen, nämlich in diesem Studium sich der Bedeutung des Geschehenen, der im Geschehen unwiderruflich gefallenen Entscheidungen für das eigene Leben, nicht nur des Einzelnen, sondern noch viel mehr des Volkes und der Kirche, bewußt zu werden; zu erkennen, wie wir dadurch bedingt und verpflichtet sind, was damit über uns entschieden und von uns gefordert ist."[2]

Was Hans von Soden als Herausforderung verspürte und ihn in sein Engagement für die Bekennende Kirche in Kurhessen-Waldeck führte, ist Gegenstand dieses Buches. Und damit ist dieses Buch ein weiterer wichtiger Beitrag zur Geschichte unserer Landeskirche. Auf das große Editionsprojekt zum kirchlichen Widerstand in Kurhessen-Waldeck, das eine noch längst nicht ausgeschöpfte Quellensammlung darstellt,[3] erscheinen in immer dichterer Folge Einzelstudien.

Exemplarische Lebensläufe sind dabei von besonderer Bedeutung. Denn obgleich unser modernes Geschichtsverständnis nicht

1 Dinkler/Dinkler-von Schubert/Wolter 1984, 41.
2 A.a.O., 42.
3 Hein/Dorhs 1996/2013.

mehr naiv davon ausgeht, dass Geschichte von Einzelnen gemacht wird, sind es doch immer Einzelne, in denen sich Geschichte „verdichtet", bei denen die Fäden zusammenlaufen, für die Entscheidungen sich herauskristallisieren und an denen Vorgänge erkennbar und kleinschrittig analysierbar werden, sobald man sie in ihren zeitgeschichtlichen und ideengeschichtlichen Kontext setzt.

Es ist genau das, was Michel Foucault die „Archäologie des Wissens" nennt, die der „Mikrophysik der Macht" nachspürt. Diese Begriffe passen unmittelbar auf Hans von Soden: Ernsthafte wissenschaftliche Tätigkeit und leidenschaftlicher Kampf für die Freiheit von Wissenschaft und Kirche waren für ihn ein und dasselbe. Wissen und Macht sind unauflöslich miteinander verschlungen, Theorie und Praxis nicht zu trennen – und zwar nicht um ihrer selbst willen, sondern – um noch einmal Hans von Soden selbst zu Wort kommen zu lassen –, um des Evangeliums willen.

Zur Einstweiligen Leitung der Bekennenden Kirche Kurhessen-Waldeck berufen, schrieb er am 26. Oktober 1934 an die Mitglieder:

„Ich bekenne mich mit Euch zum Evangelium von Jesus Christus als der Kraft Gottes, selig zu machen alle, die daran glauben, und ich will mit Euch, daß unsere Kirche dies Evangelium ganz und rein verkündigt ohne Abbruch und ohne Zusatz, daß sie ohne Menschenfurcht all ihr Handeln und Ordnen auf dieses eine Ziel richtet, zu dem sie berufen ist. Daß das Evangelium von Jesus Christus verkündigt werde und daß in seiner Gemeinde alles ehrbar und ordentlich zugehe, sei unsere einzige, aber unverrückbare Forderung für den Frieden unserer Kirche, um den wir kämpfen. Denn nur so kann sie unserem Volk den Dienst leisten, den sie ihm schuldig ist, dagegen mit Versäumnis oder Verfälschung ihres Auftrages verrät sie das Vertrauen des Volkes. Unser Gehorsam gegen unseren geistlichen Auftrag steht keinem Fortschritt in der kirchlichen Verfassungsbildung entgegen, aber er verlangt entschlossenen Bruch mit einem Regiment der Kirche, das die biblische Botschaft und ihre Forderung, die uns die Reformation neu erschlossen hat, immer wieder preisgibt und ‚der völkischen Idee den Vorrang vor der christlichen' einräumen will, und das auf Rechtsbruch, Gewalttat, Lüge eine unevangelische Herrschaft über Gewissen errichtet [...] Wir wollen uns darüber keiner Täuschung hingeben, daß unsere äußere Macht gering ist. Aber es wäre wider den Glauben, deshalb nicht kämpfen zu wollen. Das Wort kann man uns nicht nehmen, und das Wort muß es tun, könnte es auch nur noch von Mund zu Mund gesagt werden. Mit dem Wort wollen wir die bekennende Gemeinde sammeln und mit ihr die Bekennende Kirche aufbauen."[4]

Sein früher Tod am 2. Oktober 1945 verhinderte, dass er beim Neuaufbau der Kirche weiter und intensiver mitwirken konnte. Es war ein offenes Geheimnis, dass er für das kurhessische Bischofsamt ausersehen und auf der Ebene der Evangelischen Kirche in Deutschland als erster Ratsvorsitzender im Gespräch war.[5]

Der erste kurhessische Bischof Adolf Wüstemann sagte zehn Jahre nach von Sodens Tod über ihn: „Professor von Soden war, auch wenn er nie selbst das Bischofsamt getragen hatte, im Stillen für viele der heimliche Bischof unserer Landeskirche."[6]

Für die Generationen, die ihn noch erlebten oder unmittelbar unter seiner Wirkung standen, blieb er eine prägende Figur.

Es ist dringend an der Zeit, dass dieser Band erscheint. Ganz im Sinn des Eingangszitates geht es nicht darum, nur eine besondere Person der Zeitgeschichte zu würdigen. In der Begegnung mit Hans von Soden müssen wir uns die Frage stellen: Was hätte ich getan? Und wichtiger noch: Was ist heute zu tun? In einer Zeit wachsenden Individualismus und Pluralismus gewinnt diese „zweite Weise", sich mit Geschichte existentiell zu beschäftigen, neue Bedeutung!

Der Patristiker Hans von Soden ist durch sein Wirken ein „Kirchenvater" der Evangelischen Kirche von Kurhessen-Waldeck geworden.

4 Dinkler/Dinkler-von Schubert/Wolter 1984, 114 f.

5 A.a.O, 33.

6 Das bemerkenswerte Zitat stammt aus dem Weihnachtsbrief SB 3497/55 (17.12.1955). Den Hinweis verdanke ich Dekan i.R. Christian Hilmes, Kassel.

Hans von Soden – Ein Gelehrtenleben zwischen Wissenschaft und Kirchenpolitik

von Ulrich Oelschläger

Für die Einladung zur wissenschaftlichen Tagung über: „Hans von Soden. Ein Gelehrtenleben zwischen Wissenschaft und Kirchenpolitik" möchte ich mich herzlich bedanken.

Lassen Sie mich eingangs auf den gesamtkirchlichen Rahmen innerhalb der Ev. Kirche in Hessen und Nassau zum Thema Kirchenkampf hinweisen. Die Kirchenleitung der EKHN hat 2008 Herrn Kirchenarchivdirektor Bogs und Herrn Oberkirchenrat i.R. Dr. Grunwald, der heute anwesend ist, beauftragt, die acht „Blauen Bände" ihrer Kirchenkampfdokumentation wissenschaftlich auszuwerten. Diese Dokumentation umfasst mehr als 4.000 Seiten. Die mehr als 40.000 Dokumente wurden von 1960 bis 1996 im Auftrag der Kirchenleitung zusammengetragen, gesichtet und historisch eingeordnet.

Karl Herbert, der langjährige Stellvertretende Kirchenpräsident, hat diese Dokumentation bis zu seinem Tode 1995 begleitet. Sie war ihm als langjährigem BK-Mann eine Herzensangelegenheit. Der letzte Vorsitzende der Kirchenkampfkommission der EKHN war Pfarrer i.R. Dr. Hermann Otto Geißler, der für die Auswertung als Mitarbeiter gewonnen werden konnte, dessen Arbeit in der Kommission eine verdienstvolle Dissertation über den ehemaligen Landesbischof Dr. Ernst Ludwig Dietrich als zusätzlichen Ertrag hervorgebracht hat.[1]

Das Forschungsprojekt hat 2009 begonnen und wurde inzwischen abgeschlossen. Inzwischen sind 2 Bände erschienen: Telschow 2013 und Grundwald/Oelschläger 2014. Insgesamt zwölf Autorinnen und Autoren wirkten an dieser Auswertung mit.

1 Geißler 2012.

Der erste Band enthält die umfangreiche Regionalstudie zu Frankfurt. Der zweite Band konzentriert sich auf Sachthemen wie z.B. „Kirchenkampf und Verwaltung", „Kirchenkampf und Diakonie", „Kirchenkampf und Juden". Letzteres Thema habe ich selbst bearbeitet. Ein Band mit den Regionalstudien zu den einzelnen Propsteibereichen – eigentlich als erster Band geplant – steht noch aus.

Lassen Sie mich, meine sehr geehrten Damen und Herren, Folgendes hinzufügen: Der Kirchenleitung kam es nicht nur darauf an, einen zeitgeschichtlichen Beitrag zum Kirchenkampf in der EKHN zu leisten. Sie legte bei der Bewilligung des Projektes auch großen Wert darauf, mit dem Forschungsvorhaben einen wesentlichen Beitrag zur Erinnerungskultur an die Zeit des Kirchenkampfes zu initiieren.

Was heißt in diesem Zusammenhang, die Erinnerungskultur der EKHN zu stärken? Prof. Harry Oelke, der Vorsitzende der EKD-Arbeitsgemeinschaft für Kirchliche Zeitgeschichte, hat die Zielrichtung wie folgt markiert: „Das komplizierte Verhältnis von Nationalsozialismus und Kirchen hat sich im zurückliegenden Jahrhundert auf die lange Reise vom kommunikativen Gedächtnis der Zeitzeugen über das kollektive Gedächtnis der kirchlich interessierten Klientel bis zum kulturellen Gedächtnis in der Gegenwart gemacht. Zukünftig wird sich die Frage stellen, wie das Wissen um die kirchliche Geschichte in der NS-Zeit ein integrativer Bestandteil des kulturellen Gedächtnisses in Deutschland bleiben kann."

Mir ist es eine besondere Freude, heute an dieser wissenschaftlichen Tagung über Hans von Soden teilzunehmen. Ich darf Ihnen die herzlichen Grüße von Herrn Kirchenpräsident Dr. Jung und der Kirchenleitung überbringen und Ihnen ein gutes Gelingen dieser Tagung wünschen. Danken möchte ich aber auch Frau Oberkirchenrätin i.R. Bernhardt, die von Anfang an die Konzeption und die Durchführung dieser Tagung mit Hilfe ihrer Familie begleitet hat. Sie hat als langjährige Leiterin der Kirchenverwaltung der EKHN, neben juristischen Akzenten, sich immer auch um die historischen Aspekte gekümmert und das gesamtkirchliche Projekt 2009 als Kirchenleitungsmitglied mit auf den Weg gebracht

– herzlichen Dank dafür. Dank gebührt aber auch und vor allem Herrn Prof. Dr. Jochen-Christoph Kaiser der dieses wichtige Projekt zur Erforschung kirchlicher Zeitgeschichte zusammen mit Herrn Oberkirchenrat i.R. Dr. Grunwald auf den Weg gebracht hat. Herr Dr. Grunwald leitet zusammen mit Herrn Kirchenarchivdirektor Bogs das gesamtkirchliche Projekt der EKHN.

Ich habe in den blauen Bänden nachgesehen und mehr als 30 Stellen gefunden, die sich mit dem Wirken von Hans von Soden und insbesondere der Kooperation mit der damaligen Nassau-Hessischen Landeskirche befassen. In unserer Auswertungsarbeit wird darüber hinaus das Gutachten der Marburger Fakultät zum Arier-Paragraphen, das Hans von Soden verfasst hat, gewürdigt. In meiner nahezu 40-jährigen Arbeit als Gymnasiallehrer habe ich – zudem als Sohn eines Pfarrers, der stolz war auf seine Vergangenheit in der bekennenden Kirche – das Thema Kirche im Nationalsozialismus nie ausgespart. Und die Gegenüberstellung des Marburger und des Erlanger Gutachtens zum Arierparagraphen bzw. zur sogenannten „Judenfrage" hat dabei immer eine wichtige Rolle gespielt. Gern habe ich dann in dem Zusammenhang die theologische Beständigkeit der neutestamentlichen Wissenschaft, die Orientierung der Exegeten am biblischen Text gegen die Anpassungsfähigkeit der Systematiker ausgespielt. Doch musste ich im Laufe eigener Forschungstätigkeit immer mehr erfahren, dass eben nicht alle Exegeten waren wie Hans von Soden, bedenkt man zum Beispiel, dass auch ein Neutestamentler aus unserem Kirchengebiet am sogenannten „Entjudungsinstitut", genauer am „Institut zur Erforschung und Beseitigung des jüdischen Einflusses auf das deutsche kirchliche Leben" in Eisenach mitgearbeitet hat, zeitweise sogar dessen Leiter wurde und es nach 1945 erhalten wollte. Umso dankbarer müssen wir an einen Wissenschaftler wie Hans von Soden erinnern.

Die Zeit ist reif für eine Kultur der Erinnerung, und zwar in jeder Hinsicht. Ich habe dies einmal 1996 gespürt, als ich in meiner Heimatgemeinde Fürfeld, einem kleinen rheinhessischen Dorf, zusammen mit dem damaligen Propst Hermann Petersen anlässlich des hundertsten Jubiläums der Fertigstellung des Pfarrhauses predigte. Als ich in meinem Beitrag daran erinnerte, dass im Jahr zuvor im gleichen Dorf die 1938 zerstörte Synagoge eingeweiht wurde und die Pfarrer beider Konfessionen zusammen mit dem Rabbiner dabei waren und dass der aus diesem Dorf stammende Historiograf der EKHN, Prof. Heinrich Steitz, bei dem Rabbiner dieses Dorfes noch vor 1933 seinen ersten Hebräischunterricht erhalten hat, konnte ich mich über viel Zustimmung freuen wie auch über meinen Satz: „Unser Dorf ist durch das, was im sogenannten Dritten Reich passiert ist, ein Stück ärmer geworden." Seinen Dank sprach sogar der Sohn des ehemaligen Ortsgruppenleiters aus, der mich 20 Jahre zuvor noch beschimpft hätte für eine ähnliche Erinnerung.

Ich möchte durch diese kleine Geschichte aus dem eigenen Erfahrungsbereich nicht ablenken vom Werk und vom segensreichen Wirken Hans von Sodens, sondern das untermauern, was meine feste Überzeugung ist, und dies in einem Wortspiel ausdrücken: Die Zeit ist reif für die Erinnerung, es wird aber auch Zeit zu erinnern! Deshalb noch einmal vielen Dank allen, die diese von der EKKW und der EKHN gemeinsam unterstützte Tagung möglich gemacht haben.

Hans von Soden als Neutestamentler

von Friedrich W. Horn

Hans von Soden war zwar Sohn eines Neutestamentlers, von seiner akademischen Ausbildung her allerdings nicht Neutestamentler. Sein Vater, Hermann von Soden,[1] ein bedeutender Textgeschichtler, war nach einer lange währenden Zeit als außerordentlicher Professor erst im Alter von 61 Jahren auf ein Ordinariat in Berlin berufen worden, wo er nur wenige Monate später im Jahr 1914 verstarb.[2] Hans von Soden, der im Studium maßgeblich durch Adolf von Harnack geprägt war,[3] in dessen kirchengeschichtlichem Seminar er das Amt des Seniors innehatte, hatte sich 1910 in Berlin für Kirchengeschichte habilitiert. Der erste Ruf führte ihn 1918 als Extraordinarius für Kirchengeschichte nach Breslau, und dort wurde er 1921 in das kirchengeschichtliche Ordinariat befördert. Erst 1924 wurde im Zuge der Berufung nach Marburg seine Lehrbeauftragung erweitert, und zwar für Kirchengeschichte, Neues Testament und Christliche Archäologie, und zusätzlich las er auch noch Kirchenrecht. In einer autobiographischen Skizze schreibt Hans von Soden, dass die Verbindung der ersten drei Fächer der bisherigen Richtung seiner Studien genau entsprach.[4] Er folgte in Marburg auf Adolf Jülicher, der hier seit 1889 Ordinarius für Kirchengeschichte und Neues Testament gewesen war. Einen gleichzeitig ergangenen Ruf nach Jena hatte er abgelehnt.

1 Zur Biographie: Dinkler 1962; Dinkler 1984; Wesseling 1995a; Wolter 2000; Ott 2008a; Christophersen 2010.

2 Zur Biographie: Wesseling 1995b; Ott 2008b. Die Bedeutung Hermann von Sodens für die neutestamentliche Textgeschichte und Textkritik würdigen Aland/Aland 1982, 32 f., auch wenn sie seine vierbändige Ausgabe aus den Jahren 1902–1913 als „Fehlschlag" bewerten (33).

3 Vgl. Wischmeyer 2004. Es handelt sich um ein Konvolut von drei Heften mit Protokollen zu vier Seminaren von Harnacks, insgesamt etwa 330 handschriftliche Seiten.

4 Hans von Soden, „Autobiographische Skizze", in: Dinkler/Dinkler-von Schubert/Wolter 1984, 379.

Einen Ruf auf die neutestamentliche Professur in Heidelberg lehnte Hans von Soden 1928 ab.[5]

In Marburg wirkte er dann bis zu seinem Tod im Jahr 1945, unter anderem neben Rudolf Bultmann, dessen Kollege er bereits in Breslau gewesen war.[6] Gemeinsam gaben sie ab 1929 die Neue Folge der Theologischen Rundschau heraus.[7] Hans von Soden fand allerdings keinen Zugang zu der von Bultmann mitbegründeten Dialektischen Theologie, sondern lebte stärker aus den Traditionen des theologischen und politischen Liberalismus.[8] Hans von Soden starb 1945 im Beisein Bultmanns; dieser hielt dann auch anlässlich der Beerdigung die Traueransprache.[9]

5 Vgl. Großmann/Landmesser 2009, 77. In seiner autobiographischen Skizze schreibt von Soden: „Berufungen an andere Universitäten habe ich abgelehnt, weil der hiesige Lehrstuhl mir eine unvergleichlich vielseitige Wirksamkeit im Unterricht ermöglichte" (Soden, „Autobiographische Skizze", (wie Anm. 8), 379).

6 Über das Verhältnis Hans von Sodens zu Rudolf Bultmann informiert umfassend Hammann 2009; vgl. zunächst die Hinweise zur gemeinsamen Breslauer Zeit (91). Zur Berufung von Sodens nach Marburg schreibt Hammann: „Schon bald nach seinem Dienstantritt in Marburg fasste Bultmann den Gedanken, seinen Freund Hans von Soden für die in absehbarer Zeit frei werdende Professur Jülichers gewinnen zu können. Als Jülichers Emeritierung nahte und die Fakultät dem Ministerium Vorschläge für die Besetzung seines Lehrstuhls zu unterbreiten hatte, gelang es Bultmann ohne Schwierigkeiten, von Soden *primo loco* der Fakultätsliste zu platzieren" (ebd., 158 f. Hervorhebung im Original). Um das Verhältnis Bultmanns zu von Soden umfänglicher wahrzunehmen, empfiehlt sich auch die Lektüre von Großmann/Landmesser 2009. Bultmann hat demnach erwogen (ebd., 38. 68), von Soden anzuraten, von der Rektoratsrede im Jahr 1927, deren Manuskript von Soden dem Kollegen vorab übergeben hatte, Abstand zu nehmen. Von Soden und Bultmann hatten im Blick auf die Bewertung Heideggers völlig unterschiedliche Positionen eingenommen (vgl. Heideggers Antwort auf Bultmann, ebd., 42).

7 Nachdem zwischen 1917 und 1929 das Erscheinen der Theologischen Rundschau unterbrochen war, erschien sie, zunächst mit dem Zusatz NF (= Neue Folge), unter der Leitung von Rudolf Bultmann und Hans von Soden und der Mitwirkung von Walter Baumgartner, Hermann Faber, Friedrich Gogarten, Martin Heidegger und Friedrich Karl Schumann ab 1929 erneut.

8 Wolter 2000, 422; Dinkler 1984, 20; Dinkler 1962. Bultmann erwähnt 1927 in einem Brief, dass von Soden Heideggers Arbeit als „unfruchtbare Scholastik" erachtet (Großmann/Landmesser 2009, 58).

9 Dazu Hammann 2009, 354 f. In einer autobiographischen Skizze aus dem Jahr 1969 schreibt Bultmann: „Den größten Gewinn nicht nur für die theologische Fakultät, sondern für die ganze Universität war die Berufung Hans von Sodens als Nachfolger Jülichers 1924" (Jaspert 1971, 323).

Eine ausgewiesene breite neutestamentliche Schülerschaft von Sodens scheint sich in Marburg nicht ausgebildet zu haben – eine wichtige Ausnahme ist allerdings Erich Dinkler –, was in nicht geringem Maße neben den politischen Umständen auch der zunehmenden Beteiligung von Sodens an unterschiedlichen Ämtern und seiner 1933 einsetzenden kirchenpolitischen Aktivität geschuldet sein wird, an der seine wissenschaftliche Präsenz in den unterschiedlichen Disziplinen seines Lehrstuhls litt.[10] Überdies war von Soden zunehmend durch ein Herzleiden in seiner Arbeitskraft beeinträchtigt. Er gab ab 1940 die kirchliche Arbeit auf und beschränkte sich auf den theologischen Unterricht, den er in seinem Privathaus anbot.[11] Erich Dinkler hat als Student, Hilfsassistent und Oberassistent bei von Soden gelernt und auch dessen wissenschaftliche Breite in den Fächern Neues Testament, Kirchengeschichte und Christliche Archäologie zu seinen Disziplinen gemacht. Er hat überdies eine Bibliographie Hans von Sodens erstellt[12] und die Dokumentation der Tätigkeiten seines Lehrers im Kirchenkampf publiziert. Ausgesprochen positiv scheint auch das Verhältnis Hans von Sodens zu Heinrich Schlier gewesen zu sein.[13]

Die frühen Publikationen von Sodens[14] berühren ausnahmslos altkirchliche Themen:

10 Zu von Sodens Wirksamkeit im Kirchenkampf: Meier 1996, 177–188; Gräßer 2008, 313–331. Sie erwähnen, dass Kümmel von 1930–1932 in Marburg Assistent Hans von Sodens, aushilfsweise auch noch Adolf Jülichers war. Die Abfassung der Habilitationsschrift wurde im Jahr 1932 durch eine Berufung auf eine außerordentliche Professur nach Zürich beendet; ebenso Merk 1999, 40 f. Eine besondere Nähe Kümmels zu von Soden ist den Referaten Gräßers und Merks nicht zu entnehmen. Lips 2008 erwähnt, dass Erich Dinkler im Jahr 1932 Hilfsassistent bei Hans von Soden in Marburg wurde und durch diesen an die Christliche Archäologie herangeführt wurde. Dinklers Habilitationsprojekt verdankte sich dann einer Anregung von Sodens (192).

11 Dinkler 1984, 17: „... hat er regelmäßig zwei vierstündige Vorlesungen – im Neuen Testament und in der Kirchengeschichte – gehalten, dazu ein Hauptseminar und eine Vorlesung oder Übung aus dem Gebiet der Christlichen Archäologie oder des Kirchenrechts."

12 Dinkler 1981.

13 Bendemann 1995, 32–42.

14 Dinkler 1981.

- Die cyprianische Briefsammlung. Geschichte ihrer Entstehung und Überlieferung, Leipzig 1904 (TU NF 10/3), 268 Seiten. – Dies war ein Jahr später die Promotionsschrift zum Licentiaten in Berlin.
- Das lateinische Neue Testament in Afrika zur Zeit Cyprians nach Bibelhandschriften und Väterzeugnissen, Leipzig 1909 (TU 33), zugleich die Habilitation, 663 Seiten, ebenfalls in Berlin. Vorausgegangen war eine fünfjährige Tätigkeit als Assistent für Patristik am Preußisch-Historischen Institut in Rom.
- Urkunden zur Entstehungsgeschichte des Donatismus, Bonn 1913 (KlT 122) – eine Zusammenstellung auf 56 Seiten, die von Soden als Privatdozent in Berlin angefertigt hatte.

Von Sodens erste neutestamentliche Arbeiten sind eher allgemeinverständliche Abhandlungen über die Entstehung des Christentums in der Sammlung ‚Aus Natur- und Geisteswelt' (1919/20).[15] Sie berücksichtigen sog. häretische und orthodoxe Quellen nebeneinander, was durchaus ungewöhnlich war, vielleicht aber auch als ein Relikt liberaler Theologie anzusehen ist. Diese Arbeiten haben die Forschung in keiner Weise bewegt. Beide Bände gehen ursprünglich auf Kriegshochschulkurse zurück, die von Soden im Jahr 1918 an der Westfront gehalten hatte.[16] Im Rückblick auf sein wissenschaftliches Werk schreibt Rudolf Bultmann im Vorwort der Gesammelten Werke Bd. I von Sodens: „So blieben denn auch die Pläne zu wissenschaftlichen Arbeiten, zumal die zu einer Darstellung der neutestamentlichen Theologie, unausgeführt, wie denn auch Zahl und Umfang seiner Veröffentlichungen infolge seiner überreichlichen Inanspruchnahme durch die von ihm übernommenen Pflichten nicht dem entsprechen, was er als wissenschaftlicher Theologe zu sagen hatte".[17] Im Blick auf das Gesamtwerk

15 Soden (Hans von) 1919.

16 Wesseling 1995 (1), 716.

17 Rudolf Bultmann, Vorwort, in: Soden (Hans von) 1951/56, Bd. 1 (1951), VII. Im Briefwechsel Bultmann–Heidegger schreibt Bultmann 1932: „von Soden verzehrt seine Kraft mit Nebenämtern aller Art; – nun für ihn ist es wohl in gewisser Weise ein Selbstschutz." (Großmann/Landmesser 2009, 188). Zu dieser Einordnung und Bewertung passt der Befund, dass von Soden in folgenden Forschungsüberblicken zur neutestamentlichen Wissenschaft nicht erwähnt wird: Kümmel 1970; Baird 2003; Merk 2008.

von Sodens – das meiste ist in den beiden Bänden Urchristentum und Geschichte. Gesammelte Aufsätze und Vorträge hg. von Hans von Campenhausen enthalten[18] – beziehen sich deutlich mehr Titel auf kirchengeschichtliche, kirchenrechtliche und kirchenpolitische Themen als auf das Neue Testament.[19] Fast alle durch von Soden verfassten Lexika-Artikel greifen altkirchliche Themen auf. [20] Allein die wissenschaftliche Literatur zur Textkritik hat von Soden weiterhin verfolgt und etwa 40 Rezensionen, angereichert mit eigenen Vorschlägen zur Textgestalt, in der Theologischen Literaturzeitung und in Gnomon publiziert.[21] Eine größere neutestamentliche Monographie, ein Kommentar, ein Lehrbuch – all dies hat von Soden nicht verfasst, und es ist auch im Blick auf seine Forschungen nicht zu erkennen, dass von Soden auf solch ein Werk hingearbeitet hätte.

Die wenigen hier zu nennenden Publikationen sind zum Teil Gelegenheitsschriften oder auf aktuelle kirchenpolitische und gesellschaftliche Vorgänge eingehende Ausführungen, in denen von Soden sich schon durch die Auflagenstärke der Publikationen öffentlich positioniert. Einzig dem Aufsatz „Sakrament und Ethik bei Paulus. Zur Frage der literarischen und theologischen Einheitlichkeit von 1 Kor. 8–10" aus den Marburger Theologischen Studien 1931 kann zugesprochen werden, einen deutlichen Beitrag zur neutestamentlichen Wissenschaft geleistet zu haben, der bis heute in der Forschung wieder abgedruckt, gelesen und berücksichtigt wird.[22]

Dieser Aufsatz zu Sakrament und Ethik bei Paulus, 1931 in der Festschrift für den Marburger Kollegen Rudolf Otto erschienen, soll hier nicht eingehend bedacht werden. Es handelt sich um

18 Neben Band 1 (s.o.) dann noch Soden (Hans von) 1951/56, Bd. 2 (1956). Vgl. auch die Besprechung von Dinkler 1957.

19 Vgl. die Notiz des Hg. in: Soden (Hans von) 1951/56, Bd. 2, 278.

20 Auch die zwischen 1927 und 1932 durch Hans von Soden verfassten Artikel in der 2. Aufl. der RGG (vgl. das Verzeichnis im Registerband 90 f.) bleiben ausschließlich bei altkirchlichen, vorwiegend textgeschichtlichen Themen und behandeln kein einziges neutestamentliches Stichwort. In dem von Gerhard Kittel hg. Theologischen Wörterbuch zum Neuen Testament, Stuttgart 1933 ff., hat von Soden ausschließlich den recht knappen Artikel ἀδελφός κτλ. (ThWNT 1, 1933, 144–146) geschrieben.

21 Dinkler 1984, 32.

22 Soden (Hans von) 1931e.

eine ausgesprochen subtile Untersuchung zur Frage der literarischen und theologischen Einheitlichkeit von 1. Kor 8–10 (so der Untertitel), in der der Verfasser von der sog. Antinomie in der Theologie des Paulus ausgeht, die ihrerseits im Gegenüber von Sakrament und Ethik, von Erlösungslehre und Rechtfertigungslehre, von hellenistischen und jüdischen Anteilen Ausdruck findet. Die Zuordnung beider Linien stellte im Ausgang der liberalen Theologie und in der frühen Dialektischen Theologie ein ungelöstes Problem dar. Die Antwort, die von Soden vorlegt, zeigt auf, dass Paulus das Sakrament nicht naturalistisch als mechanisch-magischen Träger und Vermittler von Göttlichem betrachtet (267). Im Gegensatz zur jüdischen Theologie und ihrer Abgrenzungskasuistik gegenüber der heidnischen Welt gehe es Paulus auch nicht um Feststellungen über die Herkunft und den Gebrauch der paganen Elemente des Götzenopfers, da er das Gewissen zum Kriterium des Handelns mache und so jedes formale Gesetz aufhebe und überbiete (268).

Hingewiesen werden muss schließlich auch auf von Sodens Rede bei Antritt des Rektorats der Universität Marburg aus dem Jahr 1927 zum Thema Was ist Wahrheit. Vom geschichtlichen Begriff der Wahrheit.[23]

Aber schauen wir zuerst auf die anderen Beiträge.[24] In der volksmissionarischen Schriftenreihe ‚Deine Kirche' erschien 1936 ein Aufsatz von Sodens unter dem Titel „Hat Ludendorff recht?". In ihm setzt sich der Autor mit einer in gemeinsamer Arbeit von Mathilde und Erich Ludendorff verfassten Schrift Das große Entsetzen – die Bibel nicht Gottes Wort auseinander, in der diese behauptet hatten: „Die Christenlehre verliert mit dieser Veröffentlichung ihre vermeintliche geschichtliche Grundlage. Wir zeigen die Bibel als das, was sie ist, als trügerisches Machwerk für die Juden, Roms und

23 Soden (Hans von) 1927c. – Recht ausführlich würdigt Kümmel 1958, 508–512, diese Rektoratsrede. Äußerst kritisch äußern sich allerdings sowohl Martin Heidegger als auch Rudolf Bultmann (Großmann/Landmesser 2009, 38 und 42).

24 Die im Folgenden genannten Publikationen sind alle wieder abgedruckt, gelegentlich auch ergänzt und vom Herausgeber verbessert, in: Soden (Hans von) 1951/56, Bd. 1. Hier sind auch die ursprünglichen Erscheinungsorte wiedergegeben worden (277 f.).

herrschsüchtiger Priester Herrschaft" (130). Sechs Jahre später publizierte von Soden einen weiteren, ähnlich positionierten Aufsatz unter dem Titel „Jesus der Galiläer und das Judentum" (Deutsches Pfarrerblatt 1942), in dem von Soden sich mit dem gleichnamigen Buch des Jenaer Neutestamentlers Walter Grundmann auseinandersetzt, aber eben reagiert. In demselben Kontext steht auch eine als Handschrift gedruckte Publikation aus dem Jahr 1941 im recht unbekannten Lichtweg-Verlag Essen,[25] in dem er sich mit einer neuen Verdeutschung des Neuen Testaments („Volkstestament") auseinandersetzt, die auch nicht ohne Walter Grundmann zu denken ist. Sodann eine Besprechung zu einem 1937 erschienenen Buch M. Erich Winkels Das ursprüngliche Evangelium, befreit von den erst nachträglich angebrachten dogmatischen Änderungen und Zusätzen in den Theologischen Blättern 1939.

Michael Wolter bewertet diese Schriften folgendermaßen: „Literarisch trat von Soden in diesen Jahren weniger durch die Teilnahme am wissenschaftlichen Diskurs hervor als durch mehrere auf eine größere Öffentlichkeit abzielende Arbeiten".[26] Um den Neutestamentler Hans von Soden angemessen zu erfassen, sind nicht nur diese Schriften zu würdigen, sondern auch das Auftreten des Neutestamentlers in der Zeit des Nationalsozialismus. Die Briefe und Dokumente hat Erich Dinkler in einer Monographie im Jahr 1984 herausgegeben.[27] Hierzu verweise ich auch auf den von Andreas Lindemann verfassten Aufsatz, „Neutestamentler in der Zeit des Nationalsozialismus: Hans von Soden und Rudolf Bultmann in Marburg".[28]

Vielmehr möchte ich heute auf die neutestamentlichen Beiträge von Sodens eingehen, die sich damals direkt in die Kirchenpolitik der Nationalsozialisten und deren Missbrauch der neutestamentlichen Wissenschaft einmischten.[29] Der zuerst genannte Aufsatz[30]

25 Der Verlag publizierte zwischen 1925 und 1964, allerdings überwiegend auf das Rheinland bezogene kirchengeschichtliche sowie missionstheologische und pädagogische Schriften. Von Sodens Arbeit fällt aus dem Verlagsprogramm heraus.

26 Wolter 2000, 421.

27 Dinkler/Dinkler-von Schubert/Wolter 1984.

28 Lindemann 2011.

29 Vgl. auch den Überblick a.a.O., 479–484.

30 Soden (Hans von) 1942.

setzt sich mit dem 1940 erschienenen Buch Walter Grundmanns, Jesus der Galiläer und das Judentum auseinander.[31] Um heute zu verstehen, was seinerzeit von Grundmann gelehrt wurde und welchen Einfluss er in dieser Zeit und durch seine gerne gelesenen Kommentare vor allem zu den Synoptikern auf Theologie und Kirche hatte, hat die Universität Jena im Jahr 2007 in insgesamt 12 Beiträgen eine von Roland Deines u.a. herausgegebene Publikation vorgelegt.[32] In ihr werden Herkunft und Anliegen der Behauptung Grundmanns einer nichtjüdischen und möglicherweise arischen Herkunft Jesu untersucht.

Im Jahr 1938 war Walter Grundmann ohne Habilitation, ohne fachliche Ausweise und ohne Zustimmung des Dekans zu einem ordentlichen Professor für Neues Testament und Völkische Theologie an der Universität Jena ernannt worden. Der Rektor der Universität Jena empfahl seinen Lehrstuhl als Vorbild für alle Fakultäten, denn seine wissenschaftliche Arbeit werde Bahn brechend sein für eine nationalsozialistische Haltung auf dem Gebiet der Theologie. Im November 1938 hatte Walter Grundmann mit der konkreten Planung einer „Zentralabteilung zur Entjudung des religiösen und kirchlichen Lebens" begonnen. Deren Aufgabe sollte die Gründung dreier Institute sein:

- ein Forschungsinstitut in Jena zu begründen, das eine wissenschaftliche Zeitschrift herausgeben sollte,
- eine Bibelgesellschaft zur Vorbereitung einer ‚entjudeten Volksbibel',
- Einrichtung einer Schule zur Fortbildung für Pfarrer, Lehrer und Kirchenvertreter.

Grundmanns grundsätzlicher Antisemitismus und die Bedeutung, die er der wissenschaftlichen Arbeit im Kampf gegen das Judentum beimaß, wurde besonders deutlich in seiner Schrift *Das religiöse Gesicht des Judentums*,[33] wo bereits im Vorwort zu lesen ist:
„Aber die eine Tatsache wird durch alle Zeiten unverrückbar bleiben: ein gesundes Volk muß und wird das Judentum in jeder Form ablehnen ... Deutschland hat dennoch die geschichtliche Rechtfertigung und die geschichtliche Berechtigung zum Kampf gegen

31 Grundmann 1940.

32 Deines u.a. 2007; zuvor bereits Schenk 2002; Meier 1996.

33 Grundmann 1942.

das Judentum auf seiner Seite. Diesen Satz zu beweisen, ist das besondere Anliegen dieser Schrift; und an diesem Satz wird auch spätere Forschung nichts mehr ändern können! So dient diese Arbeit dem großen Schicksalskampf der deutschen Nation um seine politische und wirtschaftliche, geistige und kulturelle und auch um seine religiöse Freiheit."

Am Ende seines Beitrags hielt Grundmann fest:

„Der Jude muß als feindlicher und schädlicher Fremder betrachtet werden und von jeder Einflußnahme ausgeschaltet werden. In diesem notwendigen Prozeß fällt der deutschen Geisteswissenschaft die Aufgabe zu, das geistige und religiöse Gesicht des Judentums scharf zu erkennen ..."[34]

Im Jahr 1940 erschien das „Volkstestament" mitsamt einem Katechismus, vorbereitet von einer Arbeitsgruppe unter der Leitung von Walter Grundmann und Herbert Preisker.[35] Es stand in der Tradition der seit dem 19. Jahrhundert üblich gewordenen antijudaistischen Bibelkritik. So wurde etwa die paulinische Rechtfertigungslehre einer vermeintlichen jüdischen Lohn-Strafe-Moral entgegengesetzt, und Paulus wurde als der Opponent der Tora, ja der Grundordnung Israels verstanden. Das Volkstestament, eine Verdeutschung des Neuen Testaments, verkündete jetzt einen arischen Jesus, der nicht aus dem Judentum stamme und der sein Gottesbild gegen das Gottesbild des Judentums gestellt habe. Die dichterische Textfassung stammte von der Balladendichterin und Inhaberin des Eugen Diederichs Verlags Lulu von Strauß und Torney. Das Volkstestament fand jedoch nicht den erhofften und von den damaligen Evangelischen Landeskirchen geförderten Anklang unter den deutschen Protestanten.[36]

34 A.a.O., 161.

35 Die Botschaft Gottes. Herausgegeben vom ‚Institut zur Erforschung (und Beseitigung) des jüdischen Einflusses auf das deutsche kirchliche Leben'. Weimar 1940. Inhalt: I. Jesus der Heiland: Jesusüberlieferungen der ersten drei Evangelien II. Jesus der Gottessohn: [Das Evangelium Johannes] III. Jesus der Herr: IV. Das Werden der Christusgemeinde. – Hans von Soden bezieht sich auf den gerade erschienenen ersten Teil (159).

36 Vgl. zum Volkstestament Jerke 1994; Deines 2007, 124, Anm. 227, geht von einer Auflagenstärke von 200.000 Exemplaren aus, die ihm freilich als völlig unwahrscheinlich erscheint. Gelegentlich wird auch eine Auflagenstärke von 20.000 genannt. Nach Hutter-Wolandt 2007 wurde zunächst eine Auflage von 90.000 Exemplaren gedruckt, die sofort nach Erscheinen ausverkauft

Hans von Soden hat sich mit diesem sog. Volkstestament, genannt *Die Botschaft Gottes*, ungewöhnlich intensiv auseinandergesetzt. Sein Beitrag umfasst im erneuten Abdruck immerhin 54 Seiten.[37] Dennoch kann man nicht sagen, dass dieser Beitrag seinerzeit eine scharfe und einschneidende Stellungnahme innerhalb der theologischen Landschaft in Deutschland gewesen sei. Zu abwegig waren Publikationsort und -art,[38] zu vornehm, bedächtig und behutsam auch das Gespräch mit den Verfassern der Volksbibel.[39]

Der Titel der Auseinandersetzung mutet zunächst merkwürdig an: „Die synoptische Frage und der geschichtliche Jesus". Aber er entspricht der Aufgabe, die von Soden sich gestellt hat: „Die Prüfung hat sich vielmehr ausschließlich darauf zu richten, *ob die evangelische Überlieferung nach ihrem ursprünglichen Sinn und Gehalt wiedergegeben ist*" (162). Von Soden setzt daher mit einer umfangreichen Stellungnahme zur Textauswahl des Volkstestaments ein, bespricht dann die Behandlung des Textes in der Übersetzung und schließt mit einer abschließenden Stellungnahme. Diese fällt durchaus ambivalent aus: „Die eingehende Besprechung, die im Vorstehenden dem VT. gewidmet wurde, soll zeigen, wie ernst dieser Versuch, den deutschen Menschen unserer Zeit einen Zugang zum Evangelium von Jesus Christus zu eröffnen, genommen wird. Es ist zu hoffen, dass auch das VT. an seinem Teil manchen Menschen den von seinen Bearbeitern beabsichtigten Dienst tut. Denn in großem Umfange kommt auch in ihm das Evangelium selbst zu Worte. Es ist aber zu fürchten, dass es nicht wenige Menschen enttäuschen und vielleicht einige irreführen wird, weil es, wie gezeigt werden konnte, das Evangelium an nicht wenigen und nicht unwesentlichen Punkten verkürzt und verändert; weil es im Gegensatz zu seinem Vorhaben ein ungeschichtliches Bild von Jesus gibt" (204). Deutlicher wenige Seiten später: „In Wahrheit ist es

war. Für die Soldaten an der Westfront erschien hernach eine handliche Taschenausgabe in einer Auflagenhöhe von 200.000 Exemplaren.

37 Soden (Hans von) 1941.

38 Dinkler 1984, 30, berichtet, dass ab 1940 keine theologische Zeitschrift mehr eine gegen das Volkstestament gerichtete Kritik publizieren konnte. Daher habe von Soden seine Stellungnahme unter dem sachlichen Titel ‚Die synoptische Frage und der geschichtliche Jesus' in Essen als Handschrift drucken lassen. Ein öffentlicher Vertrieb sei gleichwohl schwer gewesen.

39 Vgl. dazu die Bemerkungen a.a.O., 30–31.

eine unter teils historischen, teils theologischen Gesichtspunkten getroffene Auswahl aus den Evangelien, die in ihrer Weise ebenso Geschichte und Glauben mischt ..." (208). Von Soden spricht den Bearbeitern das Recht ab, „es als Überlieferung, die ‚die Wissenschaft' aus mannigfaltiger Überschichtung freigelegt hätte, darzustellen ..." (208). Von Soden kritisiert die Willkür, die seitens der Bearbeiter des Volkstestaments durch Streichungen herrscht: „Es kann keine Rede davon sein, dass die Streichungen im VT. auch nur überwiegend ‚judenchristliche Erweiterungen' betreffen. Im Übrigen christianisiert man einen Text nicht mit dem Rotstift" (188 f.). Um zu verdeutlichen, was von Soden im Blick hat, nenne ich folgende Entscheidungen innerhalb des Volkstestaments. „So wird bei den Juden das Jüdische unterstrichen und zuweilen geradezu vergröbert, bei Jesus dagegen alles Jüdische nach Möglichkeit getilgt ..." (182). Die ganze Sprache alttestamentlich-jüdischer Frömmigkeit wird aus den Worten Jesu komplett getilgt.

Die hermeneutischen Grundsätze des Volkstestaments hat von Soden klar dargestellt und kritisiert. Es mutet heute freilich ein wenig seltsam an, mit welcher Akribie er einzelne Entscheidungen des Volkstestaments bespricht, obwohl deren Haltlosigkeit allzu offensichtlich ist. Die schon auf den ersten Blick völlig abwegige und gegen die Mehrheit der Textüberlieferung stehende Übersetzung des sog. Heilandsrufs aus Mt 11,25–27 überprüft von Soden minutiös, führt mittelalterliche textkritische Varianten und Kirchenväterzitate an, auf die sich möglicherweise der Text des Volkstestaments beziehen könnte, um dann abschließend (nach einer weiteren umfangreichen Fußnote zur Textüberlieferung S. 181 Anm. 7) anzusprechen, hier nicht den Raum zu haben, näher auf die textlichen Probleme des Wortes einzugehen und sodann nicht mehr als die Frage zu stellen, ob die textkritische Entscheidung des Volkstestaments gegen die großen Rezensionen im Recht ist. Gleichwohl ist ihm deutlich: die Herausgeber „können doch unmöglich meinen und wollen, dass der von ihnen hergestellte Text von den Benutzern für eine wissenschaftliche Entdeckung gehalten wird, der unter jüdischem Einfluss bisher von der Kirche dem Volke vorenthalten wurde ..." (204 f.). Weshalb bleibt von Soden so vornehm bei einer Frage stehen, weshalb so „ausführlich und geduldig"?[40] Wieso nicht eine klare Antwort eines Mannes, der schon unter der Anleitung seines Vaters das Handwerk der Textkritik gelernt hatte? Die Kollegenschaft begegnete Grundmann und seinen Leuten zu Beginn der 40er Jahre freundlich, vornehm, kollegial, aber nie entlarvend.

Walter Grundmann hatte in dem Buch ‚Jesus der Galiläer und das Judentum'[41] im Vorwort festgehalten, er wolle „den fragenden deutschen Menschen eine Antwort auf die brennend und schicksalhaft gewordene Frage nach dem Verhältnis Jesu von Nazareth zum Judentum geben, und zwar eine Antwort, die auf ernster wissenschaftlicher Arbeit aufgebaut ist, in der Anlage und im Ausdruck jedoch so gehalten ist, dass ihr auch der religionswissenschaftlich nicht arbeitende Mensch folgen kann" (Vorwort). Grundmann gliedert seine Studie in zwei Fragen, deren Beantwortung von Soden mit seiner Stellungnahme verknüpft.

Auf die Frage „War Jesus selbst Jude?" antwortet Grundmann:

„Aus der unserer Zeit geschenkten Erkenntnis der Einheit seelischer Haltung und blutmäßigen Erbes ergibt sich mit Notwendigkeit, dass aller Wahrscheinlichkeit nach Jesus, da er auf Grund seiner seelischen Artung kein Jude gewesen sein kann, es auch blutsmäßig nicht war, wofür wir bei der Frage nach seiner völkischen Zugehörigkeit einige Gesichtspunkte gewannen, die diese Beobachtung unterstützen. Wohl gehörte er wie die meisten Bewohner Galiläas zur jüdischen Konfession, aber eben diese Konfession hat er von seiner Position aus durchstoßen, und sein Kreuz ist zugleich die allen sichtbare Ausstoßung aus dem Judentum; sie erfolgte, nachdem er sich innerlich längst von ihm gelöst hatte" (205).

Von Soden gesteht zu, dass die Frage der völkischen Zugehörigkeit eines Galiläers verschiedene Möglichkeiten und Antworten offen lässt, wendet sich aber dezidiert unter Bezugnahme auf die Palästinaforschungen Albrecht Alts gegen unterschiedliche Konstruktionen, den nichtjüdischen Anteil innerhalb der galiläischen

40 Lindemann 2011, 480. Dinkler 1984, 31, Anm. 16 berichtet, dass ihm aus dem Nachlass etwa 100 Blätter von Text-Vergleichstabellen vorliegen, die von Soden als Vorarbeit (!) erstellt hatte.

41 Grundmann 1940. Zu dieser Schrift ausführlich Deines 2007.

Bevölkerung über Gebühr zu betonen. Sodann wendet er sich gegen die von Grundmann übernommene – wie er sagt – „grundlose These" des Lutherforschers Reinhold Seeberg, der durch die Erwähnung der nichtjüdischen Frauen Thamar, Rahab, Ruth und Bathseba im Stammbaum Jesu nach Matthäus eine Linie zu Maria, der Mutter Jesu, gezogen hatte, die er ebenfalls als Nichtjüdin ansah. Reinhold Seeberg ist damals wohl der erste akademische Theologe gewesen, der die populäre These, Jesus sei Arier gewesen, unterstützte.[42] Sekundiert wurde dieser Versuch seinerzeit von Emanuel Hirsch, der sich die Verschiedenheit der Namen des Großvaters Jesu in den Stammbäumen des Matthäus und des Lukas zunutze gemacht hatte, um zu vermuten, der wahre Name sei hier unterdrückt worden, nämlich Panthera, der römische Soldat, der nach dem römischen Philosophen Celsus und einer älteren Legende der wahre, leibliche Vater Jesu gewesen sei.[43] Von Soden beurteilt diese Bemühungen folgendermaßen: „Wissenschaftlich betrachtet setzen alle diese Vermutungen die Überzeugung von der nichtjüdischen Herkunft voraus und können sie somit ihrerseits nicht stützen" (152). Grundsätzlich sagt von Soden zum Argument der Herkunft Jesu und seiner Bedeutung für den Glauben: „Der Glaube lebt nicht von Wahrscheinlichkeiten, und so ist es theologisch gleichbedeutend, ob man Jesus ablehnt, weil er wahrscheinlich jüdischen Blutes ist, oder an ihn nur glauben zu können meint, wenn er dies wahrscheinlich nicht ist. Die Frage, vor die unser deutsches Volk in Christus gestellt ist, ist nicht die seiner Herkunft" (152).

Auf die andere Frage ‚Wie stand Jesus in seiner Botschaft und als geschichtliche Erscheinung zum Judentum?' hatte Grundmann Jesus in einem grundlegenden Gegensatz und Konflikt mit dem Judentum dargestellt. In dieser Arbeit vermochte von Soden „im einzelnen viel Richtiges und Wichtiges" (153) zu entnehmen, betonte aber gleichzeitig: „Aus überwiegend (wenn auch nicht durchweg) richtigen Einzelzügen wird durch Zusammensetzung und Weglassung ein Bild geschaffen, das im Wesentlichen mehr falsch als

42 Zu diesem Thema Fenske 2005.

43 Kollmann 2009, 26–31. Er beleuchtet die Hintergründe der Legende des nichtjüdischen Vaters Jesu und deren Rezeption im Umfeld der deutschen Christen.

richtig ist und gerade zum tiefsten und eigentlichen Gegensatz Jesu zum Judentum nicht vordringen lässt" (153). Von Soden betont gegen Grundmann, dass er mit einem verzerrten, einseitigen Bild des Judentums arbeitet, mit dem der verhärteten und antichristlichen Reaktion, dass das Judentum zur Zeit Jesu in Wahrheit aber vielgestaltig und durchaus von inneren Gegensätzen durchzogen gewesen sei. Innerhalb dieser lebendigen innerjüdischen Konflikte bewegt sich nach von Soden auch Jesus, etwa bei den Sabbatkonflikten, die von Grundmann allerdings verschwiegen oder, sofern es positive jüdische Parallelen zur Verkündigung Jesu gibt, einfach übergangen werden. Der Gegensatz zum Judentum seinerzeit wird von Grundmann dahingehend ausgeweitet, dass er das Alte Testament als gemeinsame Grundlage für Jesus und das Judentum bestreitet. Demgegenüber betont von Soden: „Die Freiheit Jesu gegenüber dem Alten Testament ist die des Verstehens und nicht die des Verwerfens, und dass Jesus über das Alte Testament hinauswächst ..., hat zur Voraussetzung, dass er sich am Alten Testament nicht ‚ärgert', sondern ihm glaubt" (155). So klar von Soden sich hier positioniert, so deutlich ist aber auch er den von Grundmann aufgeworfenen Fragen zugänglich, wenn er etwa in der Menschensohnchristologie einen „kräftigen Einschlag aus arischer (iranischer) Tradition" attestiert, um aber gleichzeitig festzuhalten, dass diese ursprünglich nichtjüdischen Gedanken „im Judentum der Zeit Jesu ja aufgenommen und ausgebildet" wurden, also „eine Linie im Judentum selbst darstellen" (155). Deutlicher gegen Grundmann, dem er ungeschichtliche Willkür vorhält, liest sich schließlich die Auseinandersetzung um den Messiastitel. Grundmann hatte behauptet, Jesus habe diesen jüdischen Messiastitel abgelehnt und demgegenüber den unjüdischen Gottessohntitel bevorzugt.

Roland Deines hat in seiner Aufarbeitung des Buches Grundmanns gezeigt, dass die Reaktionen in Form von Rezensionen, Stellungnahmen und Besprechungen durch die Kollegen unter den Neutestamentlern es letztlich Grundmann leicht machten, auf seiner Position zu beharren.[44] Er verweist auf eine Besprechung Werner Georg Kümmels, die in Konzessionen endet: „Unsere Quellen

44 Deines 2007, 123–126.

zeigen nichts Anderes, als dass Jesus ebenso gut Jude wie Nichtjude der Rasse nach gewesen sein kann wie seine Landsleute, Anhänger wie Gegner in Galiläa. Und selbst wenn Jesu Familie nicht rein jüdischer Abstammung gewesen sein *sollte*, so besteht keinerlei Sicherheit, dass die galiläische Bevölkerung nicht *semitischer* Rasse gewesen ist".[45] Otto Merk hat einmal darauf hingewiesen, dass seitens der Neutestamentler im gelehrten Diskurs Grundmann widersprochen wurde, dass sich aber die Kritik stets nur auf das exegetische Detail und nie auf die dahinter stehende politische Motivation bzw. mörderische Konsequenz für das damalige Judentum bezog.[46] Deines bemerkt daher zu Hans von Soden, dass „eine grundsätzliche Absage an diese Form der Distanzierung vom Judentum auch hier unterbleibt".[47]

Auf von Sodens Stellungnahme zu dem 1937 erschienenen Buch des Rostocker Theologen M. Erich Winkel[48] ‚Das ursprüngliche Evangelium, befreit von den erst nachträglich angebrachten dogmatischen Änderungen und Zusätzen, aus den ältesten Texten der Evangelienhandschriften wieder gewonnen und im Rhythmus des Urtextes wort- und sinngetreu ins Deutsche übertragen' möchte ich nicht ausführlich eingehen.[49] A. Erich Winkel, ein Privatgelehrter, dessen Vater das gewünschte Theologiestudium dem Sohn verboten hatte, betätigte sich vornehmlich in astrologischen Studien. Er war von 1923 bis 1938 Schriftleiter der Astrologischen Blätter, einer Zeitschrift der Berliner astrologischen Gesellschaft. Noch heute findet man im Internet einen großen Artikel über Winkel in wiki.astro.com.[50] Winkel durfte allerdings im Alter von 43 Jahren ohne ein theologisches Studium durch Einflussnahme der Deutschen Christen und der Nationalsozialisten die erste theologische Prüfung ablegen, wurde 1939 in Jena kumulativ nach bestandener Prüfung mit der Benotung *rite* promoviert und war angeblich

45 Kümmel 1941. Merk 2005, 109 (sowie Anm. 11 und 12) verweist darauf, dass Kümmels Besprechungen in den Literaturberichten der ThR 14, 1942 und 17, 1948, den „Nachweis unhaltbarer tendenziöser, zeitverhafteter Konzeption des Jenaer Neutestamentlers [...] entfaltet" haben.

46 Merk 2005, 108–111.

47 Deines 2007, 124, Anm. 227.

48 Winkel 1937.

49 Soden (Hans von) 1939. Ausführlich dazu Dinkler 1984, 27 f.

50 M. Erich Winkel [20.05.2012], in: www.wiki.astro.com/astrowiki/de/.

hernach, wie von Soden in einer Fußnote unter Bezugnahme auf eine Mitteilung Winkels kundtut (214*), zum Rostocker Universitätsprediger ernannt worden. Ich vermute allerdings, dass von Soden hier möglicherweise einer irreführenden Auskunft Winkels aufgesessen ist, da diese Berufung aus der gründlichen Recherche von Sabine Pauli (Pettke) nicht bestätigt wird. Hier müsste allerdings etliches zur Person Erich Winkel, zur damaligen Rostocker Fakultät und zur Landeskirche gesagt werden. Sabine Pauli (Pettke) hat den ‚Fall Winkel' in einem Aufsatz zur Rostocker Fakultät präzise aufgearbeitet.[51]

In dem Werk *Der Sohn*,[52] das seine Nähe zum völkisch-ariosophischen und nationalsozialistischen Gedankengut deutlich machte, wollte Winkel nachweisen, dass und wie die christliche Religion durch jüdische Einflüsse verfälscht worden sei. Winkel hatte in einem anderen Werk durch umfangreiche textkritische und textgeschichtliche Arbeiten den Versuch unternommen, einen ursprünglichen Text des Markusevangeliums zu erstellen, um sodann auf dieser Grundlage ein kritisch gesichertes Bild der Verkündigung und der Geschichte Jesu zu gewinnen. Von Sodens Urteil zu Beginn seiner Besprechung der Arbeit Winkels ist vernichtend: „Die Nachprüfung zeigt jedoch, dass er weithin einen Text übersetzt, der eine Grundlage in der handschriftlichen Überlieferung überhaupt nicht hat und nur auf Vermutungen über ältere Formen beruht" (217). Gleich zu Beginn der Besprechung muss von Soden auf peinliche Übersetzungsfehler hinwiesen. Winkel verwechselt in Mk 1,19 *katartizein* mit *katharizein*, also *flicken* mit *reinigen*, und von Soden kommentiert, dass solches „bei Prüfungen von Studenten gelegentlich begegnet, bei Dozenten der neutestamentlichen Wissenschaft aber nicht vorkommen sollte" (218). Dennoch, und das zeichnet von Soden als Wissenschaftler aus, geht diesem Urteil eine höchst detaillierte Überprüfung der gewählten Textgrundlagen Winkels voraus. Wieso diese Arbeit – wird manch einer fragen, wenn es abschließend heißt: „Um Winkels willen hätte der Bericht ja nicht so lang zu werden brauchen, und für mich war es nicht eben angenehm, ein Faß auszutrinken, dessen Inhalt sich nach den ersten Proben als Essig erwies. Winkels Buch bietet an sich garnicht

51 Pauli (Pettke) 2004, 55–60. Daneben auch Heinonen 1978, 222–225.
52 Winkel 1935, 496.

die Grundlage für wissenschaftliche Erörterung. Er kann und will nur auf Unkundige wirken ... Winkel handelt genau so, wie ein Archäologe handeln würde, der bei einer Ausgrabung Stücke beseitigt, die zu der ihm vorschwebenden Rekonstruktion der auszugrabenden Bauten oder Bildwerke nicht passen" (237). Schließlich das abschließende Urteil zu Winkels Forschungen: „krankhafte Einbildungen, objektiv: verwerfliche Fälschungen" (238).

Hat von Soden mit dieser ausführlichen Beschäftigung mit dem Werk Winkels diesem nicht vielleicht zu viel Ehre erboten?[53] Und war es für von Soden nicht an falscher Stelle und mit viel Aufwand, aber doch unnötig eingesetzte Zeit, so detailliert auf den philologischen und theologischen Unsinn Winkels einzugehen? Die gleiche Frage würde ich auch an von Sodens ausführliche Beschäftigung mit der Broschüre des Ehepaars Ludendorff richten. Die Antwort mag bejahend ausfallen, dennoch erkenne ich folgende Beweggründe und möchte sie ausdrücklich respektieren und würdigen. Von Soden geht von der grundlegenden Beziehung wissenschaftlicher Theologie und kirchlichem Handeln aus. Da durch Winkel in Rostock wie auch durch Grundmann in Jena seitens der Nationalsozialisten durch Verzicht auf alle bestehenden wissenschaftlichen Standards massiv Einfluss auf Universität und Kirche genommen wurde, in Besetzungsfragen von Professuren und in Umbenennungen von Lehrstühlen, war die kritische Auseinandersetzung im Interesse von Kirche und wissenschaftlicher Theologie gefragt. Von Soden mischt sich nicht in alles und jedes ein, sondern sucht als Neutestamentler die Auseinandersetzung auf dem Feld, das er seit Studienzeiten beherrscht, der Textkritik,[54] und er weist Erich Winkel durch Wissenschaft, durch Sachargumente in die Schranken.[55]

53 Pauli (Pettke) 2004, 55, Anm. 96, verweist auf weitere Rezensionen zu Winkels Schrift und auf eine als Manuskript gedruckte Antwort Winkels auf von Sodens Stellungnahme aus dem Jahr 1939.

54 Dinkler 1984, 32: „Wenn auch von Sodens kirchenpolitisch brisante Abhandlungen über Winkels erdichtetes Markusevangelium oder über das Thüringer Volkstestament nur auf der Basis der besonderen Kenntnisse der griechischen Handschriftenüberlieferung möglich waren".

55 Nach Dinkler 1984, 28, Anm. 12, musste sich Winkel in der Folge der Besprechung von Sodens aus der Lehre zurückziehen.

Mit dem Pamphlet des Ehepaars Erich und Mathilde Ludendorff, einer in erster Auflage im Jahr 1936 gedruckten 32-seitigen Broschüre,[56] hatte sich seinerzeit wohl aus ähnlichen Interessen wie von Soden auch Kurt Aland[57] auseinandergesetzt. Seine Schrift Wer fälscht? Die Entstehung der Bibel, zu den Enthüllungen E. und M. Ludendorffs hatte in kurzer Zeit eine hohe Auflage erreicht; eine noch größere Verbreitung verzeichnete die Entgegnung des katholischen Theologen Karl Pieper.[58] Von Soden schließt seine Besprechung[59] mit den Worten: „Das Wort Gottes hat von solchen Angriffen der Unwissenheit und der Lüge nichts zu fürchten. Zu fürchten hat nur ein Volk, das sich von solchen Verführern verführen ließe, abzufallen von dem, was seinen Vätern Licht und Kraft gewesen ist" (145). Ich möchte jetzt nicht ausführlich referieren, was das Ehepaar Ludendorff im Einzelnen in ihrer Broschüre ausführt und welche Entgegnung von Soden im Detail gibt. Es wäre ein abendfüllendes Thema, sich ausführlich mit dem von Ludendorffs ins Leben gerufenen Bund für Gotterkenntnis und seiner Nachgeschichte zu befassen. In der wissenschaftlichen Haltlosigkeit dieser Broschüre hat von Soden es in seiner Replik leicht, da er wieder von seinem Spezialgebiet aus, also der Textgeschichte, die Auseinandersetzung führen kann. Das antisemitisch eingestellte Ehepaar Ludendorff hatte abenteuerliche Thesen zur Textgeschichte des Alten und Neuen Testaments verbreitet, ohne über philologische und textkritische Grundkenntnisse zu verfügen. Sie versuchen den Nachweis zu führen, dass das Alte Testament die bei weitem jüngste Niederschrift unter allen vor unserer Zeitrechnung entstandenen Religionen sei (139). Dagegen hält von Soden fest, der hebräische Kanon sei „etwa um die Wende des 1. Jahrhunderts nach Chr., eben im Zusammenhang mit der Konzentration des palästinischen Judentums auf seine alte Überlieferung und seiner Scheidung von der ins Christentum übergehenden griechischen Diaspora zum Abschluss gekommen, nicht im 11. Jahrhundert" (142 f.). Von Soden hält ihnen ‚literarische Hochstapelei' vor, da sie über das Hebräische dozieren wollen ohne Hebräisch zu

56 Ludendorff 1936.
57 Aland 1936.
58 Pieper 1937.
59 Soden (Hans von) o.J.

können (141). Auf dem Umschlag der Broschüre der Ludendorffs sei eine hebräische Schriftrolle abgebildet, bei der die Schrift peinlicherweise auf dem Kopf steht (140).

Hans von Soden als Neutestamentler – wir müssen also darüber sprechen, wie von Soden sich als Wissenschaftler eingesetzt hat, einer verblendeten Ideologie entgegenzutreten, indem er als ausgewiesener Fachvertreter Argumente sammelte und darlegte, die diese Ideologie in ihren vermeintlich wissenschaftlichen Ansprüchen vor dem Forum einer breiten Öffentlichkeit trafen, freilich in der Breite nicht erschüttern und erst recht nicht aufhalten konnten. Wir müssen über die Verantwortung der Wissenschaft für Kirche und Staat sprechen und darüber, dass Wissenschaft sich in die öffentlichen Diskurse einmischen muss. Dies nehme ich im Rückblick auf Hans von Soden als Neutestamentler mit.

Hans von Soden als Historiker der Alten Kirche[1]

von Wolfram Kinzig

„Für mich ist Kirchengeschichte in dem Sinne eine apologetische Aufgabe – natürlich eine kritische! –, daß sie nicht nur ein sehr bedeutsames Stück Weltgeschichte verständlich und ehrwürdig zu machen hat, sondern auf den Dienst der Kirche ausgerichtet sein muß und die Bejahung der Kirche und einen bestimmten Begriff davon, was sie nach Wesen und Ursprung ist und bleiben muß, voraussetzt."[2]

So schrieb Hans von Soden am 21. Februar 1939 an Hans Lietzmann (1875–1942). Anlass dieses Briefes, des längsten aus der Korrespondenz mit dem Berliner Kollegen, war die Frage, ob der Lietzmann-Schüler Hans Georg Opitz (1905–1941) nach Marburg berufen werden könne. Soden lehnte dieses Ansinnen Lietzmanns schließlich ab. Eigentlicher Grund war Opitz' Zugehörigkeit zu den Thüringer Deutschen Christen, von denen die Bekennende Kirche, der Soden angehörte, auf das Schärfste bekämpft wurde. Soden konnte sich ein Mitglied dieser Gruppe als Fakultätskollegen schlechterdings nicht vorstellen:

„Für ein Gespräch mit Leuten dieser Art fehlen die Voraussetzungen, die ich von meinem Ehrbegriff her machen muß. Ich diskutiere gern darüber, ob ich mich irre oder der andere bzw. wo für jeden die Gefahr des Irrens liegt; über meine Gesinnung lasse ich keine Diskussion zu."[3]

Abgesehen von politischen sah Soden aber auch sachliche Differenzen zu Opitz und in gewissem Grad auch zu Lietzmann. Er bekenne sich „in dem Sinne zu einer konfessionellen (theologischen)

1 Ich danke meinem Kollegen Wolfgang A. Bienert (Marburg) für den nachdrücklichen Hinweis auf den Beitrag Soden (Hans von) 1922b und meiner Assistentin Frau Dr. Julia Winnebeck (Bonn) für kritische Lektüre.

2 Hans von Soden, Brief an Hans Lietzmann vom 21.02.1939, in: Aland 1979, 949–952, hier 951.

3 A.a.O.

Auffassung der Kirchengeschichte", dass er „die Konfession für eine geschichtliche Bildung eigener Art und eigenen Rechts halte, so gut wie etwa den Staat oder etwa die Kunst (natürlich anderer Art und anderen Rechtes als diese beiden), und den Gedanken der Konfession zum kritischen Maßstab der Geschichtsbetrachtung mache." Er fuhr fort: „Aus der Erkenntnis der Verflechtung der Kirchengeschichte mit der Weltgeschichte ziehe ich nicht die Folgerung, die erstere in der letzteren aufgehen zu lassen." Von daher sah er die Frage gestellt, ob dem 19. Jahrhundert entgegen der weit verbreiteten Kritik, „nicht mit dem Konfessionsgedanken entschlossen gebrochen zu haben", nicht vielmehr der Vorwurf gemacht werden müsse, „den Konfessionsgedanken nicht rein und kräftig herausgearbeitet und die Kirche wirklich auf ihn gestellt zu haben". Die gegenwärtige kirchliche und theologische Verwirrung sah Soden auch als eine Folge dieses Versäumnisses. Es sei die Frage, „ob zur Zeit die theol[ogischen] Fakultäten ihren Dienst an der Ausbildung von Pfarrern überhaupt noch leisten können, wenn sie konfessionell noch weitergehend neutralisiert" würden.[4]

Aus den angeführten Sätzen wird das Selbstverständnis Hans von Sodens als evangelischer Kirchenhistoriker in der Zeit des Nationalsozialismus in besonderer Weise deutlich. In der Literatur zu seiner Person wird der Marburger Gelehrte, dem Martin Heidegger ein „Übermaß von gesundem Menschenverstand" attestierte,[5] freilich etwas anders wahrgenommen: zum einen und vor allem als führende Figur der Bekennenden Kirche im Kampf gegen den Nationalsozialismus im Rahmen der Marburger Fakultät wie auch als Vorsitzender des Landesbruderrates der Bekennenden Kirche Kurhessen-Waldeck; zum anderen als Neutestamentler und hier als Erforscher des neutestamentlichen Bibeltextes.[6]

4 A.a.O., 950 f.

5 Heidegger an Rudolf Bultmann, 07.09.1927: „Rührend find ich es, daß von Soden sich sogar um das Buch [Sein und Zeit] bemüht. Bei seinem Übermaß von gesundem Menschenverstand, muß er mich doch einfach für verrückt halten." (Großmann/Landmesser 2009, 34).

6 Vgl. z.B. das Porträt seines Schülers Erich Dinkler und weitere Artikel über Soden: Dinkler 1981; Dinkler/Dinkler-von Schubert/Wolter [2]1986; Wesseling 1995a; Wolter 2000; Kinzig 2001a; Lippmann 2003, 181–187, 192–199, 214–216, 258–262, 267–269, 328–334.

Darüber gerät leicht in Vergessenheit, dass Soden von Hause aus eine *doppelte* wissenschaftliche Prägung mitbekommen hatte, nämlich durch seinen Vater Hermann von Soden in der neutestamentlichen Textgeschichte, aber ebenso durch seinen Berliner Lehrer Adolf von Harnack in der Geschichte der Alten Kirche. Diesem zweiten Schwerpunkt von Sodens wissenschaftlichem Œuvre soll im Folgenden unsere Aufmerksamkeit gelten. Dabei wird uns angesichts der zitierten Äußerungen die Frage beschäftigen müssen, inwiefern Soden „konfessionelle" Kirchengeschichte betrieben bzw. wie sich dieses Bild der Kirchengeschichte bei ihm herausgebildet hat.[7]

Um Soden als Patristiker besser kennen zu lernen, muss man zunächst seinem Verhältnis zu Harnack nachspüren und danach fragen, wie er sich als Forscher der Alten Kirche in der *scientific community* seiner Zeit platziert hat, in welche wissenschaftlichen Netzwerke er eingebunden war, von wem er Anregungen empfangen und mit wem er sich über die Ergebnisse seiner Forschungen ausgetauscht hat. In einem zweiten Schritt ist sodann der Patristiker Soden von seinen einschlägigen Schriften her zu würdigen, bevor wir abschließend ein Fazit ziehen können.

Vorweg ist zu bemerken, dass es keine ganz leichte Aufgabe ist, Sodens Profil als Patristiker zu rekonstruieren. Denn zum einen ist die Unterscheidung der Patristik vom Studium des Neuen Testaments ein relativ neues Phänomen – der Soden-Schüler Hans von Campenhausen (1903–1989) konnte noch in der Mitte des 20. Jahrhunderts ganz selbstverständlich grundlegende Arbeiten zum Neuen Testament *und* zur Patristik vorlegen und auch Lietzmann hatte in Berlin einen Lehrstuhl für Kirchengeschichte, Neues Testament und Christliche Archäologie inne. So hat denn auch Soden in der Durchführung seiner wissenschaftlichen Arbeit diese ja in vielerlei Hinsicht künstliche Unterscheidung konsequent ignoriert.

Zum anderen muss man aber auch konstatieren, dass Sodens Beiträge zur Patristik im engeren Sinne in ihrem Umfang überschaubar geblieben sind. Um hier größere Arbeiten vorzulegen, war Soden doch zu sehr Textkritiker und Philologe, waren die Zeitläufte

7 Zu einer vollständigen Bibliographie der Werke Sodens vgl. Dinkler 1981.

zu unruhig und war Soden auch gesundheitlich durch seine Herzkrankheit, die ihm immer wieder Ruhepausen aufzwang, zu sehr eingeschränkt in seinen physischen Möglichkeiten.

1.

Wenden wir uns also in einem ersten Abschnitt zunächst seiner Ausbildung zu und fragen, wo Hans von Soden seine entscheidenden wissenschaftlichen Prägungen erhalten hat. In einer knappen autobiographischen Skizze, die er kurz vor seinem frühen Tod 1945 niederschrieb, nennt Soden neben seinem Vater Adolf von Harnack als seinen „Hauptlehrer“, unter dessen „Führung“ er den Gedanken gefasst habe, „theologischer Hochschullehrer zu werden“.[8] Sein Schüler Erich Dinkler urteilt, Sodens Theologiestudium sei „ganz auf eine Forscherlaufbahn ausgerichtet und primär durch Adolf von Harnack geprägt“ gewesen.[9]

Diese Einschätzung scheint mir überpointiert zu sein. Soden war in gleichem Maße von seinem Vater wie von dem Berliner Patristiker beeinflusst: Von Hermann von Soden ererbte er das Interesse an der Geschichte des biblischen Texts, von Harnack das Interesse an der Alten Kirche und vermutlich auch am Kirchenrecht.[10]

Sodens Theologiestudium verlief insofern eher ungewöhnlich, als er es von 1900 bis 1905 ausschließlich in Berlin absolvierte, wo sein Vater Hermann Freiherr von Soden (1852–1914) seit 1887 als Erster Pfarrer an der Jerusalemskirche tätig war und seit 1889 als Privatdozent, 1893 als außerordentlicher und ab 1913 als ordentlicher Honorarprofessor für Neues Testament an der Theologischen Fakultät wirkte.[11] Es mutet uns heute einigermaßen seltsam an,

8 Soden, „Autobiographische Skizze“, (wie Anm. 8), 376–382, hier 376.

9 Dinkler 1984, 16. Nicht vergessen sei allerdings dabei, dass Soden selbst davon spricht, auch bei dem Philosophen Friedrich Paulsen und dem Historiker Hans Delbrück intensiver studiert zu haben. Vgl. Soden, „Autobiographische Skizze“ (wie Anm. 8), 377. Kümmel 1981, 202, erwähnt unter den Lehrern auch Wilhelm Heitmüller, auf den Soden einen Nachruf verfasst habe). Dabei muss es sich um einen Irrtum handeln, denn Heitmüller war nie in Berlin als Lehrer tätig, und Dinkler nennt in seiner „Bibliographie“ daher auch keinen Nachruf.

10 Hier war gewiss Harnacks Darstellung der Geschichte der Kirchenverfassung und des Kirchenrechts von Bedeutung; vgl. Harnack 1909.

11 Zu ihm vgl. Wesseling 1995b.

dass Hermann von Soden dann auch einer der wichtigsten akademischen Lehrer seines Sohnes wurde. So widmete dieser seine Dissertation dem Vater mit der Bemerkung, er hoffe, sie möge nicht „unwürdig sein dessen, der mich alles, so auch gerade die Handschriftenbearbeitung gelehrt hat".[12]

Soden fungierte als Student auch als Mitarbeiter seines Vaters an dessen Ausgabe des griechischen Neuen Testaments, die von 1902 bis 1913 erschien,[13] eine Tätigkeit, die ihn in Bibliotheken nach Italien, Holland, Belgien und England führte und ihm das philologische Rüstzeug zum Verständnis der antiken Quellen mitgab.[14]

Von 1906 bis 1910 arbeitete der junge Gelehrte als Assistent für Patristik am Preußisch-Historischen Institut in Rom, der Vorgängereinrichtung des heutigen Deutschen Historischen Instituts, die damals unter der Leitung des Mediävisten Paul F. Kehr (1860–1944) stand.[15] Hier unternahm er „patristische Forschungen in den römischen Bibliotheken" und „half daneben auch im deutschen evangelischen Pfarramt und an der deutschen Schule in Rom". Soden stellte im Rückblick fest:

„Dieser mehrjährige Aufenthalt in Rom wurde zusammen mit früheren und späteren Auslandsreisen (Griechenland, Frankreich, Tunis-Algerien) natürlich bedeutsam für meine Bildung wie die Klärung meiner Weltanschauung. Die Synthese von Humanismus und Christentum blieb dabei unverrückt das leitende Motiv; aber die Schwierigkeiten ihrer Verwirklichung lernte ich besser erkennen."[16]

1910 nach Berlin zurückgekehrt, habilitierte er sich mit einer Arbeit über das lateinische Neue Testament im Afrika des dritten Jahrhunderts.[17] Im Vorwort dankte er hier nicht nur seinem Vater für die Erlaubnis zur Benutzung von dessen Kollationen sowie für

12 Soden (Hans von) 1904, VI.

13 Soden (Hans von) 1913.

14 Soden, „Autobiographische Skizze" (wie Anm. 8), 377.

15 Vgl. Soden (Hans von) 1909a, 4.

16 Soden, „Autobiographische Skizze" (wie Anm. 8), 378. Zu einer Afrikareise Sodens und seiner Frau vgl. Aland 1979, Nr. 274 (Karl Holl an Hans Lietzmann [03.03.1938]).

17 Soden (Hans von) 1909b, IV–V.

das, was die Arbeit „an methodischer Schule und ständiger Besprechung mit ihm" verdanke, sondern auch seiner (ersten) Frau Magdalena von Möller für die Mitarbeit.[18]

Von dem Berliner Kirchenhistoriker Adolf von Harnack, bei dem er 1905 zum Lizentiaten der Theologie promoviert worden war, bezog Soden die kirchengeschichtlichen Koordinaten seiner gesamten Arbeit.[19]

Wie stark Harnacks Persönlichkeit auf den jungen Theologen einwirkte, wird spürbar aus dem Vorwort zum gleich näher zu besprechenden Heft „Vom Urchristentum zum Katholizismus" von 1919, welches dem „Lehrer Adolf von Harnack" gewidmet war. Hier beschreibt Soden Harnack als den Mann, „der durch seinen Unterricht und seine Lebensarbeit mir wie allen Jüngeren die Grundlagen kirchengeschichtlicher Erkenntnis vermittelte und das innere Verständnis für die geschichtliche Entwicklung unserer Religion in mir geweckt hat, der uns zur strengen Freiheit der Forschung wie zur persönlichen Ehrfurcht vor ihrem Gegenstand erzogen hat".[20] Einige Jahre später schrieb er in den Schlussbemerkungen zu dem Personenartikel zu Harnack, den er für die Zweitauflage der Enzyklopädie „Die Religion in Geschichte und Gegenwart" (RGG) verfasst hatte:

„Seine eminent kirchengeschichtliche Wirkung wird außer von seinen Schriften, die ohne jede gewollte Kunst ungewöhnliche Formkraft zeigen, ganz wesentlich durch seine Lehrwirksamkeit getragen, die stets weit über sein Lehrfach hinausgriff und wohl als für eine Generation von Theologen in Professur, Pfarramt und

18 A.a.O.

19 Über Harnacks Unterrichtsstil sind wir seit der Veröffentlichung der Seminarprotokolle aus den Jahren 1904–1906 durch Wolfgang Wischmeyer gut informiert (Wischmeyer 2004). Protokollant war kein anderer als Hans von Soden, der in seiner Eigenschaft als Senior den Verlauf der vier Seminare über Justins Apologie, die Gnosis, Augustins Confessiones und die Vita Martini des Sulpicius Severus in drei Heften auf 330 handschriftlichen Seiten fein säuberlich notierte. Soden fungierte gemeinsam mit dem späteren Philosophen Heinrich Scholz als Senior in Harnacks Seminar. Vgl. Zahn-Harnack ^{2}1951, 133.

20 Soden (Hans von) 1928b.

Schule weithin bestimmend anzusehen ist. Für viele wurde sein Unterricht Grundlage oder Wendung ihres Lebens."[21]

Soden war Harnack zunächst in methodischen Fragen verbunden, und zwar sowohl in der Zuwendung zur Edition von Quellen und deren philologisch sauberer Analyse als auch in der Neigung, die daraus gewonnenen Erkenntnisse in synthetischen Darstellungen unter weit reichenden Gesichtspunkten zusammenzufassen. Wie beiHarnack wird darin auch ein aktualisierendes Interesse sichtbar, welches sich der unerschütterlichen Überzeugung verdankte, dass es möglich sei, aus dem Studium der Geschichte Antworten auf drängende Zeitfragen zu gewinnen.

Darüber hinaus verband Soden mit seinem Lehrer dessen wissenschaftliches Ethos, welches er in seinem bereits erwähnten Lexikonartikel in der RGG folgendermaßen charakterisierte:

„Die in der nachfolgenden Generation unsicher gewordene Einheit von protestantischem Christentum und humanistischer Kultur [...] und der vorwiegend historisch-psychologisch, weniger metaphysisch-systematisch eingestellte Geist des ‚Historismus' [...] sowie der beiden gemeinsame Gegensatz zur neukonfessionellen und neupietistischen Reaktion der ersten Hälfte des 19. Jhd.s und zur Spätromantik bezeichnen etwa die geistes- und kulturgeschichtlichen Voraussetzungen seiner Bildung und seines Denkens; ein ausgeprägter Sinn für die Selbständigkeit des Religiösen und dessen kritischer Haltung gegenüber der Kultur, sowie starkes Bewußtsein der sozialen Verantwortlichkeiten der Gebildeten [...] verbinden ihn mit einem jüngeren Geschlechte und scheiden ihn vom bürgerlichen Liberalismus der zweiten Hälfte des 19. Jhd.s."[22]

Kurz nach Harnacks Tod formulierte Soden in einem Verlagsprospekt anlässlich des 80. Geburtstags des Lehrers:

„In einer Zeit fortschreitender Spezialisierung hat Harnack die Einheit aller Wissenschaft – auch der Natur- und Geisteswissenschaft – ebenso wie die Beziehung von Wissenschaft und Leben fest im Blick gehalten; er hat in der Auflösung dieser Einheit und der Entfremdung vom Leben die schwerste Gefahr gesehen, die

21 A.a.O., 1635 f.
22 A.a.O., 1634.

Wissenschaft und Kultur und damit die Gesellschaft bedroht. Darin ist Harnack verpflichtungsbewußter Erbe des Humanismus des 18. und 19. Jahrhunderts gewesen [...]; aber er wird damit auch zum Künstler und Mahner einer neuen Synthese, die auf die Atomisierung, Technisierung und Politisierung des ausgehenden 19. und der ersten Jahrzehnte des 20. Jahrhunderts folgen muß, wenn diese nicht nur Zersetzung wirken soll."[23]

Schließlich schloss sich Soden Harnack auch in seiner Sicht des Gesamtbildes der Alten Kirche in vielen Punkten an. Darauf wird noch zurückzukommen sein.

Trotz der so engen Beziehung zu seinem Lehrer, die zu zweitklassigem Epigonentum hätte führen können, ist es bemerkenswert, dass es Soden gelang, in Auseinandersetzung mit und Abgrenzung zu diesem ein weitgehend eigenständiges Forscherprofil zu entwickeln. Was Soden von Harnack unterschied, war sein ausgeprägtes Interesse für den Text der Bibel, jenes Erbe, das ihn mit seinem Vater verband, und demgegenüber eine geringe Neigung, sich mit dogmengeschichtlichen Fragen oder überhaupt mit der griechischen Patristik näher zu beschäftigen.[24] Sodens Studien konzentrierten sich stattdessen überwiegend auf die Geschichte der nordafrikanischen Kirche in ihren lebensweltlichen Bezügen.

Aber auch auf Harnacks ureigensten Forschungsfeldern stand Soden seinem Lehrer zunehmend kritisch gegenüber. Dies wird vor allem erkennbar an zwei Besprechungen, die Soden dem großen Alterswerk Harnacks, der Monographie zu Marcion, widmete, das 1921 in erster Auflage erschienen war.[25] Es sind diese beiden Rezensionen ein Zeugnis für die offene Atmosphäre, die im Schülerkreis Harnacks herrschte, aber auch für den unerschrockenen Freimut des Schülers, dem nahezu allmächtigen Lehrer in theologisch entscheidenden Punkten zu widersprechen. So hatte Soden keine Scheu, den Einfluss des marcionitischen auf den großkirchlichen Bibeltext deutlich geringer zu veranschlagen als Harnack und diesem Selbstwidersprüchlichkeit in seiner Argumentation vorzuwerfen.[26] Soden sah diesen Selbstwiderspruch darin

23 Soden (Hans von) 1931a.
24 Hier sind die wichtigsten Beiträge: Soden (Hans von) 1928a, 1931b.
25 Harnack 1921. Soden (Hans von) 1921a, 1921b. Ferner Kinzig 2004.
26 Soden (Hans von) 1922a, 196–198.

begründet, dass Harnacks lebenslange Auseinandersetzung mit Marcion – trotz aller Beteuerungen des Lehrers, sich allein mit geschichtlichen Fragen beschäftigen zu wollen – Gefahr lief, den Gegenstand seiner Passion zu idealisieren. Dem Schüler war bewusst, dass der Lehrer mit dem „Marcion" in gewisser Weise die Summe seiner Lebensarbeit gezogen hatte, und er stellte dessen Leistung auch ausführlich dar. Gleichwohl ließ er bereits auf der zweiten Seite der fast sechzehn Seiten umfassenden Besprechung erkennen, dass er mit Harnacks Forderung nach Entkanonisierung des Alten Testaments und seinem abschließend vorgetragenen Wunsch, es möchten „in dem Chor der Gottsuchenden sich auch heute wieder Marcioniten" finden,[27] keineswegs d'accord ging. Denn er wollte es „ungefragt" lassen, „ob nicht bei uns schon allzuviele Marcioniten ihr Wesen treiben, und ob nicht der erste Artikel des Taufbekenntnisses, bei dem Harnack der Kirche recht gibt, seine Beurteilung des AT. modifizieren" müsse.[28]

Soden ließ darüber hinaus anklingen, dass Harnack die dem Kirchenhistoriker in seiner geschichtlichen Darstellung gesetzten Grenzen überschritten hatte: „Mir will der Charakter Marcions bei Harnack künstlerisch gesteigert, seine geschichtliche Bedeutung dramatisch überhöht erscheinen".[29]

Ausführlicher kritisierte er dann zwei Punkte, nämlich zum einen Harnacks These, Marcion sei der eigentliche Schöpfer des neutestamentlichen Kanons, und zum zweiten seine Einschätzung des theologischen Dualismus Marcions im Rahmen der Dogmengeschichte. Gegenüber Harnacks These, der neutestamentliche Kanon gehe ursächlich auf Marcion zurück, macht Soden geltend, dass die spezifischen Charakteristika des marcionitischen Kanons

27 Harnack 1921, 265.

28 Soden (Hans von) 1922a, 192.

29 A.a.O., 200. Vgl. auch seinen großen Vortrag „Unsere Pflicht zur Kirchenpolitik" aus demselben [1922], in: Soden (Hans von) 1951/56, Bd. 2, 195–218, hier 204: „In seinem Marcion hat A. v. Harnack mit genialer Kunst ein völlig zertrümmertes Bildwerk des christlichen Altertums wiederhergestellt. Die Stücke sind echt, das Ganze aber in wichtigen Zügen unhistorisch oder überhistorisch idealisiert. Wenn Marcion so verstanden werden muß, so wird seine Geschichte unverständlich. Aus der Idee werden Konsequenzen gezogen, die in der Geschichte nicht eingetreten sind, und dennoch werden sie uns als kirchenpolitische Lösungen empfohlen; ich denke an Harnacks vielbesprochene Thesen über das Alte Testament."

„viel verständlicher" wären, wenn man ihn „als Reaktion oder Reduktion und nicht als Schöpfung" Marcions begriffe.[30] Hinsichtlich des Ortes des marcionitischen Dualismus innerhalb der Dogmengeschichte warf er Harnack eine inkonsequente, idealisierende Darstellung der Gotteslehre Marcions vor, die zu einer erheblichen Überschätzung von dessen dogmengeschichtlicher Bedeutung geführt habe. Insbesondere protestierte er gegen den Vergleich Marcions mit Augustin und vor allem mit Luther, finde sich doch bei dem Häretiker „mehr theologischer Dilettantismus als religiöse Vertiefung." In dieser defizitären Theologie liege der eigentliche Grund, „daß Marcion in der Geschichte der christlichen Religion eine Episode gewesen, Luther eine Epoche geworden ist".[31]

Mit einer Rezension in der „Deutschen Literaturzeitung" trug Soden diese Kritik auch in ein weiteres Bildungspublikum hinaus. Darin bekräftigte er seine Bedenken gegenüber der von Harnack propagierten „Erneuerung des Marcionismus", die er in dessen persönlicher Wertschätzung, nicht aber in einem objektiven analytischen Urteil begründet sah. Besonders sei „der von Harnack öfter gezogene Vergleich mit Luther [...] wohl in sehr bestimmten Schranken zu halten."[32]

Diese kritischen Sätze hatte Soden zwar in panegyrische Formulierungen eingebettet, um ihnen etwas von ihrer Schärfe zu nehmen.[33] Sie sind dennoch erstaunlich, denn sie waren nicht ephemer, sondern trafen in gewisser Weise das Herz der Darstellung des Lehrers. Harnack sah sich denn auch veranlasst, auf diese Kritik aus dem Schülerkreis und weitere Stimmen in einer eigenen apologetischen Untersuchung, die er „Neue Studien zu Marcion"

30 Soden (Hans von) 1922a, 202.

31 A.a.O., 205.

32 Soden (Hans von) 1921a, 694 f.

33 Vgl. z.B. a.a.O., 695: „Vielleicht hat hier das persönliche Verhältnis des Historikers zu seinem Helden die Kritik an ihm ein wenig hintangehalten. Marcion ist, wie Harnack uns erzählt, ‚in der Kirchengeschichte seine erste Liebe gewesen', und ein mit unverwelklicher Jugend begnadeter Mann wie unser siebzigjähriger Meister sinkt nicht zu der Ernüchterung herab, mit der andere im vorgeschrittenen Alter ihre erste Liebe sehen."

nannte,[34] zu reagieren und die Zweitauflage des „Marcion" zu überarbeiten.[35]

Soden zeigte sich indessen in einer Rezension der „Neuen Studien" auch von Harnacks zusätzlich beigebrachten Argumenten in keiner Hinsicht überzeugt[36] und nahm seinerseits seine Einwände gegen Harnacks Beurteilung des marcionitischen Bibeltexts zum Anlass, um die lateinische Bibelfassung Marcions (wie sie bei Tertullian überliefert ist) sowie Tertullians eigenen Bibeltext für die Paulusbriefe einem kritischen Vergleich zu unterziehen.[37] Dabei gelang ihm gegen Harnack der Nachweis, dass beide Bibeltexte voneinander unabhängig aus dem Griechischen übersetzt wurden und anders, als Harnack vermutet hatte, der marcionitische Bibeltext auch nicht afrikanischer, sondern europäischer Herkunft war.[38]

Wir haben bisher Sodens Bildung und Prägung als Wissenschaftler namentlich durch seinen Vater und durch Adolf von Harnack betrachtet. Ich möchte nun danach fragen, ob es *Kollegen* gegeben hat, mit denen der reife Patristiker in einem näheren fachlichen Austausch gestanden hat. In erster Linie wird man dabei an Rudolf Bultmann (1884–1976), den drei Jahre jüngeren Marburger Kollegen, Freund und Mitstreiter in der Bekennenden Kirche, denken. Wir wissen aus dem erhaltenen Briefwechsel aus den Jahren 1920 bis 1924, als Soden noch in Breslau lehrte, während Bultmann über Gießen nach Marburg weiterzog, dass sich beide gegenseitig auch in fachlichen Fragen berieten.[39] Bultmann selbst meinte später, er habe mit dem Freund „in ständigem wissenschaftlichem

34 Soden (Hans von) 1924b.

35 Soden (Hans von) 1924a. Am augenfälligsten war in diesem Zusammenhang die Änderung des von Soden monierten Schlusssatzes: Harnack sprach nun von dem „wirren" Chor der Gottsuchenden, unter dem sich Marcioniten finden sollten, und setzte ein Zitat von Francis Bacon hinzu: „[. . .] denn ‚leichter erhebt sich die Wahrheit aus der Verirrung als aus der Verwirrung'" (S. 235). Vgl. Kinzig 2004, 148.

36 Soden (Hans von) 1924b.

37 Soden (Hans von) 1922a, 195.

38 Soden (Hans von) 1927a. Zur Auseinandersetzung mit Harnack vgl. ebd.

39 Vgl. z.B. die Zitate bei Hammann [3]2012, 296, Anm. 197, 377. Zum Verhältnis Soden-Bultmann vgl. jetzt auch Kinzig 2017.

Austausch" gestanden.[40] Doch betraf dies in erster Linie neutestamentliche Fragen.

Über den Austausch mit anderen *Patristikern* lassen die bisher erschlossenen Quellen wenig erkennen. Am ehesten würde man hier an den Nachfolger Harnacks in Berlin, Hans Lietzmann, denken. Die beiden Wissenschaftler kannten sich bereits mindestens seit 1913, als Soden ein vorzüglich ediertes Bändchen mit Quellen zur Geschichte des Donatismus zu den von Lietzmann herausgegebenen „Kleinen Texten für Vorlesungen und Übungen" beisteuerte.[41] Doch ist die Korrespondenz für unsere Frage unergiebig und kann hier auf sich beruhen bleiben.[42] Weitere Nachrichten über fachliche

40 Hein 1992.

41 Soden (Hans von) 1913. Zur Reihe vgl. auch Aland 1979, 27–29. Lietzmann hatte wohl auch zeitweise gehofft, dass Soden oder Erich Seeberg sein Nachfolger in Jena werden könne, als er nach Berlin berufen wurde. Vgl. Aland 1979, Nr. 501 (Lietzmann an Adolf von Harnack, 12.12.1923) und 502 (Karl Holl an Lietzmann, 16.12.1923).

42 Der Briefwechsel selbst, soweit erhalten und ediert, setzt Anfang 1931 ein und erstreckt sich über mehr als ein Jahrzehnt bis zum Tode Lietzmanns im Jahre 1942. Vgl. Aland 1979, hier die an Lietzmann gerichteten Nr. 700 (18.01.1931), 708 (09.02.1931), 839 (18.09.1933), 888 (16.12.1934), 906 (02.03.1935; Gemeinschaftsbrief zum 60. Geburtstag Lietzmanns), 913 (01.05.1935), 922 (15.07.1935), 932 (14.10.1935), 946 (23.01.1936), 1004 (22.05.1937), 1038 (02.02.1938), 1076 (08.01.1939), 1084 (21.02.1939), 1180 (06.05.1941) und die Schreiben von Lietzmann an Soden Nr. 699 (16.01.1931), 712 (16.02.1931), 775 (23.01.1932), 840 (19.09.1933), 841 (21.09.1933), 880 (08.11.1934), 887 (15.12.1934), 915 (10.05.1935), 916 (16.05.1935), 921 (11.07.1935), 1005 (25.05.1937), 1058 (09.11.1938), 1081 (27.01.1939), 1179 (10.04.1941), 1184 (16.06.1941). Im Vordergrund standen, vor allem ab 1933, universitäts- und kirchenpolitische Probleme, deren vertrauliche Natur ein wachsendes Vertrauensverhältnis zwischen den beiden Kirchenhistorikern indiziert (von Soden im Brief Nr. 888 [16.12.1934] eingangs ausdrücklich festgestellt). Daneben informierte und beriet man sich über forschungs- und gremienpolitische Entwicklungen (z.B. in der Affäre um Erich Seeberg und die Meister-Eckhart-Ausgabe: Nr. 1004 [22.05.1937] und 1005 [25.05.1937]) und sandte sich gegenseitig Sonderdrucke und neu erschienene Bücher zu (Nr. 708 [09.02.1931]; 946 [23.01.1936]; 1038 [02.02.1938]). Auch mit Dias christlich-archäologischer Fundstätten und Literatur half man sich untereinander aus (Nr. 712 [16.02.1931]: Dias der Torloniakatakombe; 1076 [08.01.1939]). Im Jahre 1941 erbat Lietzmann von seinem Marburger Kollegen einen Leitartikel für die „Theologische Literaturzeitung" über neueste Bibelübersetzungen, den Soden aber aus Krankheits- und Arbeitsgründen ablehnte (Aland 1979, Nr. 1179 [10.04.1941], 1180

Gespräche mit Kollegen sind mir bisher nicht bekannt. Wir wissen, dass Soden in den dreißiger Jahren zweiter Vorsitzender der Gesellschaft für Kirchengeschichte gewesen ist und als solcher am Rande in die Auseinandersetzungen um den ersten Vorsitzenden und Schriftleiter der „Zeitschrift für Kirchengeschichte" Erich Seeberg (1888–1945) und die Ausgabe des Meister Eckhart verwickelt war, die zur Niederlegung seines Amtes und zum Austritt aus der Gesellschaft führten.[43] Ansonsten scheint er sich von Aktivitäten in den Gremien wissenschaftlicher Gesellschaften und von Herausgeberschaften kirchengeschichtlicher Zeitschriften zugunsten kirchlicher Aktivitäten[44] ferngehalten zu haben.

Zeitweise bestand der Plan, mit Hans Achelis (1865–1937), Hermann Wolfgang Beyer (1898–1943), Hans Lietzmann und Victor Schultze (1851–1937) einen christlich-archäologischen Arbeitskreis zu gründen.[45] Über sein Zustandekommen ist allerdings bisher nichts bekannt. Sodens fachlicher Austausch mit Kollegen scheint sonst vor allem über Rezensionen stattgefunden zu haben (Dinkler listet über 130 Besprechungen auf): zunächst vor allem in der „Theologischen Literaturzeitung" und der „Christlichen Welt", ab 1921 dann auch in der „Zeitschrift für Kirchengeschichte", den

[06.05.1941], 1184 [16.06.1941]). Auch in Personal- und Berufungsangelegenheiten tauschte man Informationen aus (Nr. 775 [23.01.1932] zu Friedrich Gerke; 880 [08.11.1934] und 888 [16.12.1934] zu Heinrich Oberheid [?]; 913 [01.05.1935] und 915 [10.05.1935] zu Hans Joachim Iwand; 1038 [02.02.1938] zu Erich Dinkler; 1058 [09.11.1938], 1076 [08.01.1939], 1081 [27.01.1939], 1084 [21.02.1939] zu Hans Georg Opitz, Ernst Benz und anderen). Der intensivste fachliche Austausch betraf die von Lietzmann neu bearbeitete Synopse zum Neuen Testament von Albert Huck, die Soden im Gnomon kritisch besprochen hatte, also ein eher nichtpatristisches Thema (Huck/Lietzmann [9]1936; dazu Soden [Hans von] 1939a; 1939b; ferner Aland 1979, Nr. 1076 [08.01.1939], 1081 [27.01.1939], 1084 [21.02.1939]). Lietzmann nahm auch Anteil daran, dass Adolf Jülichers Ausgabe der Itala posthum zum Druck gebracht werden konnte (Jülicher 1938/63; dazu Aland 1979, Nr. 1067 [Marie Jülicher an Hans Lietzmann, 1180 [06.05.1941], 1184 [16.06.1941]).

43 Vgl. Aland 1979, 120–125 sowie Nr. 1006 (Karl Müller an Hans Lietzmann, 28.05.1937); 1007 (H.L. an Karl Müller, 31.05.1937); 1025 (K.M. an H.L., 03.10.1937).

44 Soden (Hans von) 1933b.

45 Vgl. Achelis an Lietzmann, 20.08.1928 bei Aland 1979, Nr. 631.

„Theologischen Blättern", dem „Gnomon" und der bereits erwähnten „Deutschen Literaturzeitung'. Umfangreiche Sammelbesprechungen erschienen in der pädagogischen Fachzeitschrift „Frauenbildung" und in der von ihm mit Bultmann herausgegebenen „Theologischen Rundschau".[46]

Für das Profil des Gelehrten Soden ist weiterhin von Bedeutung, dass er 1924 von Breslau, wo er seit 1918 als außerordentlicher Professor für Kirchengeschichte gewirkt hatte, nach Marburg als Nachnachfolger Harnacks und Nachfolger Adolf Jülichers auf einen Lehrstuhl für Neutestamentliche Wissenschaft und Kirchengeschichte mit zusätzlichem Lehrauftrag für Christliche Archäologie und Kirchenrecht wechselte. Man wird allerdings sagen müssen, dass das Studium der Christlichen Archäologie für Soden eher musealen Charakter hatte. Er hat auf diesem Gebiet m.W. nie Feldforschung im engeren Sinne betrieben. Über seine Vorlesungen zum Kirchenrecht ist bisher nichts Näheres bekannt.[47] Die eigenen Forschungen auf diesem Gebiet, jedenfalls soweit sie die Alte Kirche betreffen, blieben marginal. In dieser Beziehung wirkte Soden eher durch die Abfassung von kirchenrechtlichen Forschungsberichten sowie Entwürfen, Gutachten und Denkschriften zur aktuellen Situation des Kirchenrechts und der Kirchenverfassung.[48]

46 Nachweise bei Dinkler 1981.

47 Vgl. hierzu auch Soden (Hans von) 1933b, 5: „Ein christlich-archäologisches Seminar wurde auf der Grundlage eines älteren kleineren Apparates mit reicher Ausstattung eingerichtet und umfaßt auch einen Apparat für biblische Textkritik und patristische Hilfswissenschaften; es ist räumlich und technisch mit den anderen kunstwissenschaftlichen und archäologischen Instituten der Universität im ‚Jubiläumsbau' verbunden und vermittelt so eine gegenseitige Befruchtung des theologischen und kunstgeschichtlichen Unterrichts. Neben dieser Ausdehnung ins Weite und Mannigfaltige ist, wohl die mit ihr drohende Gefahr der Zersplitterung bannend, eine stärkere Zuwendung zu den allgemein theologischen Fragen und den Aufgaben des kirchlichen Lebens, eine mehr systematische und praktische Haltung auch der Historiker, für die jüngeren Marburger Lehrer charakteristisch. Kirchenrecht wird hier auch von Theologen gelesen". Der „Jubiläumsbau" ist das heutige „Kunstgebäude", das von 1950 bis 2016 nach dem ehemaligen Kurator der Universität Ernst von Hülsen in der Biegenstraße benannt war und zum Universitätsjubiläum 1927 eingeweiht wurde. Vgl. Kaiser/Lippmann/Schindel 1998, 5.

48 Vgl. Füllkrug 1965.

Nicht unwichtig für die patristische ‚Langzeitwirkung' Sodens ist schließlich die Tatsache, dass neben dem Neutestamentler Werner Georg Kümmel (1905–1995) der bereits genannte Hans von Campenhausen sowie Erich Dinkler (1909–1981) zu seinen Schülern zählten, die wie ihr Lehrer ebenfalls mühelos zwischen den Disziplinen Neues Testament, Kirchengeschichte und Christliche Archäologie hin- und herwechselten.[49]

2.

Betrachten wir nun in einem zweiten Schritt genauer die Inhalte von Hans von Sodens patristischer Arbeit: Die von Harnack betreute und bereits im November 1903 abgeschlossene Dissertation des 22-jährigen behandelte auf immerhin 267 Seiten die Entstehung und Überlieferung der Korrespondenz Cyprians. Soden gelang der Nachweis, dass die Ausgabe der Briefe im Wiener „Corpus Scriptorum Ecclesiasticorum Latinorum" (CSEL) von Wilhelm Hartel[50] auf einer ungenügenden Erforschung der handschriftlichen Überlieferung beruhte und darum „mit den allerschwersten Mängeln behaftet" war, weshalb er nachdrücklich für eine Neuausgabe dieser wichtigen Quellenschriften plädierte.[51] Es ist bemerkenswert, mit welcher Intensität sich der junge Forscher der Erforschung der Handschriften widmete, zu diesem Zweck mit Hilfe des Vaters selbst Forschungsreisen unternahm und darüber hinaus ein weites Netz von brieflichen Kontakten zu den führenden Bibliotheken der Welt aufbaute. Dabei gelangte er zu der Erkenntnis, dass die Briefe des afrikanischen Bischofs und Märtyrers schon früh in mehreren Sammlungen zusammengefasst und mit den übrigen Schriften verbunden worden waren mit dem Ziel, sie der Nachwelt als autoritative Stimme der Kirche zu erhalten, wobei in diesem Prozess Rom eine besondere Rolle spielte. Abschließend gab Soden auch Hinweise, wie eine zukünftige Ausgabe auszusehen hätte, womit er sich selbst als Editor empfahl.

49 Campenhausen und Dinkler wurden beide mit christlich-archäologischen Arbeiten in Marburg bei Soden habilitiert. Zu von Campenhausen und Soden vgl. auch Campenhausens Brief an Hans Lietzmann, Aland 1979, Nr. 618 (25.02.1928).

50 Hartel 1871.

51 Soden (Hans von) 1904.

Ein Specimen dieser neuen Edition, die er zu dieser Zeit in Angriff zu nehmen hoffte, erschien einige Jahre später im Druck. Es handelt sich dabei um das älteste erhaltene Synodalprotokoll, nämlich das einer afrikanischen Provinzialsynode, die am 1. September 256 unter dem Vorsitz Cyprians in Karthago abgehalten wurde; es stellt ein wichtiges Dokument im sog. Ketzertaufstreit dar.[52] Die Auseinandersetzungen um die Ketzertaufe selbst schilderte Soden in einem umfangreichen Aufsatz, der gleichzeitig mit der Edition des Synodalprotokolls von 256 erschien.[53]

Dem Christentum Nordafrikas und seiner Bibel galt Sodens Aufmerksamkeit auch in den Folgejahren. Dabei erwies sich sein Aufenthalt in Rom als besonders ertragreich: Die Hauptfrucht der römischen Studien war die große Ausgabe des lateinischen Neuen Testaments zur Zeit Cyprians (1909), die nicht weniger als 663 Seiten umfasst.[54] Das Ziel umriss Soden mit dem für ihn typischen Understatement: „Man wolle", so formulierte er, „in ihm nicht mehr sehen als eine handliche Sammlung von bisher nicht so leicht zugänglichem Material." Auf „textgeschichtliche Studien und Hypothesen" habe er verzichten müssen. Sein Ziel sei es vielmehr gewesen, „die durch die Citate Cyprians datierte Textgröße nach Umfang und sprachlichem Charakter in ihren Grenzen zu fixieren, in dem Maße als es ohne Überschreitung dieser Grenzen, gleichsam nur von innen her, möglich ist".[55] Freilich erhob er den Anspruch, innerhalb dieser Grenzen die Arbeit ganz erledigt zu haben.[56] Tatsächlich gab er der Textkritik zur lateinischen Bibel vor Hieronymus entscheidende Impulse, denn er vermochte zu zeigen, dass der afrikanische Text Cyprians eine eigene Version darstellt, die sich von anderen deutlich unterscheidet.[57]

Mit Beginn seiner Lehrtätigkeit als Privatdozent im Jahre 1910 wagte sich Soden an größere synthetische Arbeiten. Möglicherweise liebäugelte er zu jener Zeit mit einer Gesamtdarstellung der Geschichte der nordafrikanischen Kirche. Jedenfalls legte er eine

52 Soden (Hans von) 1909c.
53 Soden (Hans von) 1909a.
54 Soden (Hans von) 1909b.
55 A.a.O.
56 A.a.O.
57 Vgl. dazu jetzt Parker 2008, 120 f. und die dort angegebene Literatur.

Skizze zu einer solchen Gesamtdarstellung in der „Christlichen Welt" vor, die, mit zeitgebundenem Pathos getränkt, die Bedeutung Afrikas für die Entwicklung des Christentums von den Anfängen bis hin zu Augustin einem gebildeten protestantischen Publikum vor Augen führte und dadurch auch in eine zum Zeitgeist des Spätkolonialismus gegenläufige Richtung wies.[58]

Sodann gibt es aus seiner Feder zwei weiter ausgreifende Darstellungen der Geschichte der Alten Kirche, beide ebenfalls an ein breiteres Publikum gerichtet. Die erste, die das vorkonstantinische Christentum behandelt, war durch Vorlesungen vorbereitet, dann aber vor allem durch Sodens Erfahrungen als Feldgeistlicher im Ersten Weltkrieg angeregt und während eines Kriegshochschulkurses an der Westfront im Januar 1918 niedergeschrieben und vorgetragen worden.[59] Sie erschien in zwei Heften im Jahr 1919 unter dem Obertitel „Geschichte der christlichen Kirche" in der Reihe „Aus Natur und Geisteswelt", einer „Sammlung wissenschaftlich-gemeinverständlicher Darstellungen".[60] Es lohnt sich, die Begründung zu zitieren, die der Verfasser in dem im September 1918 im Feld geschriebenen Vorwort für sein Unternehmen gab:

„Als Feldgeistlicher habe ich es wieder und wieder als eine der schwersten Hemmungen in der Förderung der unsere Zeit bewegenden religiösen Anliegen empfunden, daß wir Lebenden nicht die allgemeine Kenntnis von der Geschichte unserer Religion besitzen, die frühere Geschlechter in ihren Schulen erwarben. Die moderne Entwicklung hat das einst volkstümliche altkirchliche Geschichtsbild zersetzt, ohne bisher ersetzen zu können, was es der persönlichen Frömmigkeit an sicheren Unterlagen für die Zeit und den Kreis seiner Geltung darbot. Es fehlt nicht an Bemühungen, diesen Mangel durch gemeinverständliche Darstellungen aus der Werkstatt der religionsgeschichtlichen Forschung der Gegenwart zu beheben und damit zugleich den leider ebenso zahl- wie

58 Soden (Hans von) 1911.

59 Vgl. Soden (Hans von) 1919, Bd. 1, 5; Bd. 2, 5.

60 Dazu passt die knappe Rezension Rudolf Bultmanns, der Soden eine „große[.] Gestaltungskraft" attestierte und die „wesentlichen Fragestellungen von Bousset und Troeltsch" aufgenommen sah. Gustav Krüger wies in einem Literaturbericht in der Harvard Theological Review auf das „hohe wissenschaftliche Niveau" der populären Darstellung hin: Krüger 1921.

erfolgreichen Erzeugnissen einer mit Unrecht so genannten Aufklärung über diese Fragen entgegenzuwirken. Was ich in dieser Absicht auf den folgenden Blättern zu lehren versuche, habe ich von Älteren, vor allem meinem Vater und A. v. Harnack, gelernt; dies Bewußtsein erleichtert die Verantwortung einer Schrift wie der meinigen."[61]

Auf Struktur und Inhalt des ersten Heftes, das die Geschichte des Urchristentums darstellt, ist hier nur insofern einzugehen, als Soden in der Einleitung den gesamten zu behandelnden Zeitraum von den Anfängen bis zur Konstantinischen Wende strukturiert und dafür eine relativ einfache Dreigliederung nach Jahrhunderten vorschlägt. Die erste Stufe, die Zeit des Neuen Testaments, sei *„dadurch bestimmt, daß Jesus* und seine Jünger Juden gewesen" seien, und umfasse „die allmähliche äußere und innere Loslösung des Christentums von seinem Mutterboden, dem Judentum". Dabei sei die „Zeit des Neuen Testaments" auch innerlich zu verstehen als die Zeit „des in Bewußtsein und Wirkung sich steigend geltend machenden Gegensatzes zum Volk des später so genannten Alten Testaments und seiner Religion." Die zweite Stufe habe sodann zur „Auseinandersetzung" und schließlich Verschmelzung mit der „hellenistisch-römischen Kultur und ihrem Staat" geführt, wobei Soden den Harnackschen Terminus von der „Hellenisierung des Christentums" aufgreift.[62] In der dritten Stufe habe sich schließlich der „Übergang des Christentums vom hellenistischen Osten in den lateinischen Westen" vollzogen. Erst dadurch sei es zur „Bildung einer dem römischen Reich entsprechenden ökumenischen Kirche" und schließlich zur „Reichskirche" gekommen, weshalb Soden auch von einer „Romanisierung des Christentums" spricht.[63]

Während das erste Heft die erste Stufe beschreibt, wird im zweiten Heft, welches Adolf von Harnack gewidmet ist, die sich an das Urchristentum anschließende Geschichte der Alten Kirche bis zu Konstantin, also die zweite und dritte Stufe, behandelt. Es gliedert sich daher in zwei Teile, nämlich die Zeit von Hadrian bis zum Ende der Severerdynastie (117–235 n. Chr.), die Soden wenig glücklich als „Das hellenistische Christentum" überschrieb, und sodann

61 Soden (Hans von) 1919, Bd. 1, 6.
62 Vgl. Meijering 1985.
63 Soden (Hans von) 1919, Bd. 1, 51 f.

die sich anschließenden Jahrzehnte bis zur Regierung Konstantins, von dem Verfasser nun als „Altkatholische Kirche" bezeichnet. Die Bezeichnung „Altkatholizismus" hatte Soden ebenfalls von Harnack übernommen,[64] der sie seinerseits Albrecht Ritschls berühmtem Buch „Die Entstehung der altkatholischen Kirche"[65] entlehnt hatte. Ritschl verstand darunter „ein von Anfang an unabhängig von Paulus bestehendes, vulgäres Heidenchristentum", welches mit „den ‚großen antignostischen Kirchenlehrern' der Wende 2./3. Jh." entstanden sei.[66] Für Ritschl wie für Harnack war diese Entwicklung vom Urchristentum hin zur katholischen Kirche in erster Linie eine Verfallsgeschichte (bei Harnack bekanntlich durch das bereits erwähnte Stichwort der „Hellenisierung des Christentums" gekennzeichnet). Bei Soden wirkt diese Geschichtsanschauung deutlich nach, freilich in charakteristisch veränderter Form. In der Einleitung zum zweiten Heft begründet er die vorgenommene Gliederung erneut, wobei er nun deutlich differenzierter als im ersten Heft argumentiert:[67] Er sieht die „Katholisierung des Christentums" auch hier als einen Prozess, durch den die Epoche des Urchristentums beendet worden sei. Unter „Katholizismus" versteht er hier „die nach evangelischer Meinung nicht ganz legitime, nach katholischem Glauben stiftungsgemäße weltliche Organisation des Christentums". Soden betont zwar die enge Zusammengehörigkeit von „Urchristentum" und „Kirchengeschichte";[68] doch unterscheide sich das „Urchristentum" des Neuen Testaments vom „Frühkatholizismus" (hier nun als Bezeichnung der zweiten Stufe gebraucht) in zwei Punkten, nämlich dem „Zusammenhang mit dem Judentum" und der Naherwartung. An die Stelle der „jüdische[n] Grundlage" und der „apokalyptische[n] Haltung" trat im Frühkatholizismus „ein auf die Zivilisation der

64 Vgl. Harnack 1909, 550 ff., 697 ff. und passim.

65 Ritschl 1857.

66 Andresen/Ritter 1993; vgl. Ritschl 1857, 22 f. Zu Sodens konstruktiv-kritischer Haltung gegenüber Ritschl vgl. Soden (Hans von) 1922b, 208–211.

67 Vgl. zum Folgenden Soden (Hans von) 1919, Bd. 2, 7–13; dort auch die angeführten Zitate.

68 A.a.O., Bd. 2, 9: „Das Urchristentum gehört jedenfalls nicht vor die Kirchengeschichte, sondern als ihr erster Abschnitt in diese hinein".

Welt durch das mit dem Hellenismus verbündete Christentum gerichteter Standpunkt", den Soden, darin ganz in Harnacks Spuren wandelnd, als „Katholizismus im Sinne der Verweltlichung [. . .] des Christentums" bezeichnet.[69] Dabei wird bei Soden eine durchaus ambivalente Beurteilung des Judentums erkennbar, denn er sieht den Zusammenhang des Christentums mit dem Judentum in der ersten Phase ebenso wie die Nähe zum „Hellenismus" in der zweiten Phase als Gefahr für die Identität des Christentums:

„Wie vorher das Judentum versucht hatte, das Christentum in seine eigenen Schranken zu fesseln (durch den Gesetzeszwang), so unternimmt es nun der die ganze Kultur der Zeit beherrschende Hellenismus [. . .], das Christentum in seine Kreise zu ziehen. Kaum vom Judentum gelöst muß sich das Christentum gegen die Umschlingung des Hellenismus wehren und wie dort seine neue Gabe, so hier seinen ererbten Besitz verteidigen. In diesem Kampfe entsteht die christliche Weltkirche und damit der Katholizismus."

Die Entwicklung zum Katholizismus vollzieht sich sodann in zwei Perioden:

„In der ersten bildet sich der Katholizismus durch Ausscheidungen des Widerstrebenden, reaktionärer Hemmungen und radikaler Übertreibungen; in der zweiten", deren Beginn das Ende der Severer-Dynastie äußerlich signalisiert, „verteidigt sich der grundlegend geformte Katholizismus in einem Kampf auf Leben und Tod gegen das Heidentum und verfestigt sich zugleich in seiner inneren Organisation".

Die Unterscheidung wird zusätzlich markiert durch die „Spaltung zwischen dem griechischen Morgen- und dem lateinischen Abendland, die auch in besonderen Ausprägungen des Christentums in Theologie, Kultus und Kirchenverfassung wirksam wird und die große Kirchenspaltung des beginnenden Mittelalters vorbereitet."

Innerhalb dieser zwei Großteile folgt Soden einem einheitlichen Schema: Er behandelt zunächst jeweils den allgemein-historischen Hintergrund und beschreibt sodann die „äußere Geschichte" der Kirche. Daran anschließend werden die christlichen Schriften der

69 Vgl. Harnack 1909, 341, 353 (Kapitelüberschrift). Dieser hatte bereits die Gnosis als „acute Verweltlichung des Christenthums" bezeichnet. Vgl. ebd., 243 (Kapitelüberschrift).

jeweiligen Epoche dargestellt und die Teile mit Übersichten über „Dogma, Kultus und Kirche" abgeschlossen.
Im Laufe der Darstellung wird deutlich, dass ein Schlüsselmoment im Übergang vom Urchristentum zum Frühkatholizismus die Ausbildung einer Christologie ist, wie sie sich bei Irenäus findet. Sie ist nach Soden „verkirchlichter Gnostizismus". Die „Logosspekulation" domestiziert die ungebremste „Äonenspekulation" der Gnostiker. Es gelingt ihr aber andererseits nicht, dem „naiven Modalismus" der Normalchristen, der Gott und Christus verwechselt und dessen Menschheit verstümmelt, wirkungsvoll Einhalt zu gebieten. Er wird stattdessen von der Kirche „mit Nachsicht behandelt". Soden resümiert:

„Der so verkirchlichte Gnostizismus schwebt in einem labilen Gleichgewicht mit dem moralistischen Rationalismus, mit welchem er sich verbunden hat. Je nach der persönlichen Eigenart tritt die eine oder die andere Seite mehr hervor, und je nach Bedürfnis oder Zweck läßt sich die eine oder die andere Stärke hervorkehren. Das in seiner Weise grandiose Schwebesystem des *Katholizismus* zwischen Vernunft und Offenbarung, Tugend und Gnade, Freiheit und Bestimmung, Natur und Übernatur, Diesseits und Jenseits, Pädagogie und Mystagogie ist im zweiten Jahrhundert grundlegend entwickelt. Es liegt in einander, was nur nach einander möglich zu sein scheint; es wird verbunden, was nur zur Wahl stehen zu können scheint."[70]

Soden sieht darin, ausdrücklich Harnack folgend, einen „Hellenisierungsprozeß": An die Stelle von „Eschatologie und Apokalyptik" träten „eine Lehre ebenso wie eine Kirche, die mit der Welt, wie sie ist, als einer dauernd bestehenden rechnet".[71] Dabei sieht er diesen Hellenisierungsprozess sowohl bei den Gnostikern wie bei den Apologeten gleichermaßen am Werk. In den Gnostikern sei eine „mystisch-platonische[.] Strömung", in der Apologetik eine „rationalistisch-aristotelisch(-stoische[.])" Strömung wirksam, die dann beide „in der katholischen Theologie des ganzen Mittelalters" in Spannung zueinander stünden.

„Aber in beiden Ausprägungen ist gleichmäßig die orientalische, unhellenische Grundlage des Urchristentums verlassen, wie sie

70 Soden (Hans von) 1919, Bd. 2, 54 f. (Hervorhebung im Original).
71 A.a.O., 56.

in seiner durchgängig eschatologischen Bestimmtheit gegeben ist, von der weder Jesus noch Paulus zu lösen sind."[72]

Freilich ist die Kirche der Gefahr der Hellenisierung, wie sie sich durch die Gnosis stellte, „niemals ganz erlegen": „Sie hat den radikalen Idealismus der Gnostiker gebannt, der die Menschheit Christi entwertete, in welcher die geschichtliche Persönlichkeit Jesu enthalten ist".[73]

Hinzu kommt an der Wende vom zweiten zum dritten Jahrhundert die fertige Ausbildung der „dreifache[n] apostolische[n] Norm" (Symbol, Kanon des Neuen Testaments, Amt),[74] die Soden der Bezeichnung wie der Sache nach wiederum von Harnack übernimmt.[75]

Im Ergebnis entsteht der Altkatholizismus des dritten Jahrhunderts, der durch seine Uniformität gekennzeichnet ist: „Die große Mehrheit der Christen ist katholisch; die ausgeschiedenen und weiterhin ausscheidenden *Sekten* leben vom Abfall der Kirche und haben wohl nur ausnahmsweise noch unmittelbar Heiden zu gewinnen vermocht."[76]

Soden enthält sich ausdrücklich einer Beurteilung dieses Prozesses, da sie dem Historiker nicht zustehe, „denn alle Geschichte ist Gottes". Er bemerkt lediglich:

„An sich ist das Wesen der christlichen Offenbarung in Verbindung mit einer in theosophische Mystik umgesetzten apokalyptischen Eschatologie um nichts sicherer bewahrt und leichter zugänglich als verbunden mit einer idealistischen Metaphysik und Ethik, und enthusiastische Schwärmerei kann es genau so verschütten und belasten wie katholische Kirchlichkeit. Daß die führenden und entscheidenden Geister es bewußt nicht preisgeben, sondern erhalten wollten, das muß um so schärfer erkannt und um so höher anerkannt werden, wenn man sieht, wie schwer sie darum mit ihrem eigenen Fleisch und Blut zu kämpfen hatten."[77]

72 A.a.O., 57.
73 A.a.O., 58.
74 A.a.O., 58 f.
75 Harnack 1909, 341 f., 353–425.
76 Soden (Hans von) 1919, Bd. 2, 83 (Hervorhebung im Original).
77 A.a.O., 58.

Die Frage stellt sich damit, wie sich Soden das Werk der Reformation in diesem Zusammenhang vorstellt, und tatsächlich kommt er gegen Ende seiner Darstellung auf dieses Problem zu sprechen. Er betont, dass die Kirche das Mittelalter hindurch – „gegen die Tendenz der Katholisierung" – in ihrem Dogma „die schlechthin grundlegende und unvergleichliche Bedeutung der geschichtlichen Persönlichkeit Christi" festgehalten habe. Dieses Bemühen sei erst im Tridentinum und im (Ersten) Vatikanum aufgegeben worden, indem sie die „Heilsgewißheit" durch „Zusätze zu dem altkirchlichen Dogma von der Person und dem Werke Christi" in Frage stellte. Damit habe sich der Prozess der „Romanisierung" vollendet.[78]

Die Reformation habe dem gegenüber den Anspruch erhoben, das Anliegen des Urchristentums wiederherzustellen. Dieser Anspruch sei freilich verfehlt gewesen, weil die Reformation einerseits „eine Menge nicht urchristlicher, sondern altkatholischer Lehren und Bräuche als urchristlich angesehen und sie gegen die logischen und religiösen Folgerungen ihrer eigenen Ansätze in Kraft gehalten" habe, andererseits aber auch bestimmte urchristliche Überzeugungen und Praktiken nicht wiederherstellte.[79] Es sei grundsätzlich „unmöglich, das Urchristentum ohne geschichtliche Fiktionen, die für uns nicht mehr mit der Wahrhaftigkeit vereinbar sind, zu dogmatisieren", weil die Naherwartung und die enge Verbindung zum Judentum unwiederbringlich verloren seien.[80]

Dies sei allerdings auch nicht notwendig, denn: „Jesus selbst und nicht das Urchristentum ist die Offenbarung unserer Religion."[81] Im Verhältnis zu dieser Grundtatsache sei es „ein unveräußerliches Recht und eine unumgängliche Pflicht jeder Zeit [...], das

78 A.a.O., 119.

79 Soden nennt „den Chiliasmus, die Erwachsenentaufe, die allgemeine Heiligkeitsverpflichtung, das Prophetentum", a.a.O., 120.

80 Vgl. demgegenüber Harnack 1909, 809 mit etwas anderem Akzent: „Die Reformation, wie sie sich in dem Christenthum Luther's darstellt, ist dagegen in vieler Hinsicht eine altkatholische, resp. auch eine mittelalterliche Erscheinung, dagegen auf ihren religiösen Kern beurtheilt, ist sie es nicht, vielmehr Wiederherstellung des paulinischen Christenthums im Geiste einer neuen Zeit" (im Original gesperrt). Vgl. dazu die Fußnote 2 ebd.: „Im Geist einer neuen Zeit – damit ist auch gesagt, dass das Urchristenthum nicht copirt ist." Noch prononcierter Harnack 1899/1900, 151–160.

81 Soden (Hans von) 1919, Bd. 2, 121.

Christentum zu katholisieren, zu verweltlichen (ohne moralischen Nebensinn), d.h. in Ideen auszuprägen und in Einrichtungen zu organisieren, die sein in Ideen und Einrichtungen überhaupt nicht völlig angemessen und ein für allemal zu fassendes Heilsgut den Menschen dieser Zeit verständlich und fruchtbar machen." Worin besteht dieses Heilsgut? Es ist „die Gottesgewißheit, im Sinne der Lebens- und Gnadengewißheit und zugleich im Sinn der daraus folgenden Verpflichtungen und Fähigkeiten". Wir begegnen ihm „in Jesus Christus, in seiner Tat und allen ihren geschichtlichen Folgen, die uns in unmittelbarer Tatsächlichkeit ergreifen": „Wir sind des Gottes gewiß, der der Vater Jesu Christi ist, und zwar nicht nur, weil Jesus ihn so darstellte, sondern entscheidend, weil er sich an Jesus so bewährte."

Dieses Bewusstsein hätten die altkatholische Kirche ebenso wie die „landeskirchliche Reformation" in je eigener Weise bewahrt und „sich dabei – durchaus mit geschichtlichem Recht – vom Urchristentum entfernt." Den Geist, „der das Dogma geschaffen hat", gelte es „aus seinen erstarrenden Formen immer wieder zu befreien und von einer Wiedergeburt zu anderen wirksam werden zu lassen."[82]

Dies hat nun allerdings dogmatisch entscheidende Konsequenzen, denn Soden stellt das altkirchliche christologische Dogma und ein darauf aufruhendes Sakramentsverständnis zur Disposition, weil „naturhafte Vergottung des Menschen nicht mehr das Ziel unseres religiösen Strebens" sei. Mehr noch: Nach evangelischer Auffassung sei Religion überhaupt kein „an sich, objektiv, absolut, feststehendes System von Tatsächlichkeiten, die das Individuum nur anzuerkennen hat, sei es auf Autorität, sei es auf vermeintlichen Beweis hin" und auch keine „anstaltliche Gnadenstiftung Gottes":

„Die geschichtliche Überlieferung und die kirchliche Gemeinschaft begründen für uns nicht die Religion im Sinne der Gottes- und Heilsgewißheit, vielmehr kommen sie im Gegenteil als Geschichtszusammenhang und Gesellschaftsbildung der ihres Heiles gewiß gewordenen Personen erst zustande; das Dogma hat nicht beweisenden, sondern bekennenden Charakter, der Kultus

82 A.a.O., 122. Von der „Katholisierung" der Landeskirchen in der Gegenwart spricht auch Harnack 1906, 140–147, freilich in negativer Bewertung.

hat nicht bewirkende, sondern darstellende Bestimmung, und die Kirche ist nicht bedingend für die persönliche Religion, sondern durch sie bedingt. [...] Wir können weder mit dem dogmatischen Christus noch mit dem geschichtlichen Jesus in religiöse Gemeinschaft treten, sondern nur mit dem lebendigen Herrn. Die Verbindung mit ihm und damit der Anschluß an die wirkliche Geschichte [...] kann nur persönlich gewonnen, nicht dogmatisch und institutionell gesichert werden. [...] Die abstrakte Lebensfremdheit der protestantischen Theologie, Predigt und Kirche ist das Symptom der gegenwärtigen Krise des evangelischen Christentums."[83]

Auch das Urchristentum sei „entstanden als subjektive, persönliche Gewißheit", als „Gottesgewißheit in Jesus selbst".[84] Später hingegen sei das, „was als ein lebendiger, die religiöse Gewißheit immer neu erzeugender Prozeß begonnen hatte, zu einem System erstarrt, das die Wehen dieses Prozesses ersparen will, dabei aber das Leben in seinem Schoß erstickt."[85]

In dieser Beschreibung der gegenwärtigen Situation lehnt sich Soden offenbar an die Schlussbetrachtung zum dritten Band der Dogmengeschichte seines Lehrers an, der ebenfalls festgestellt hatte: „Christenthum ist etwas Anderes als eine Summe tradirter Lehren. Christenthum ist nicht die biblische Theologie, nicht die Lehre der Concilien, sondern die *Gesinnung*, die der Vater Jesu Christi durch das Evangelium in den Herzen erweckt."[86]

Gleichwohl steuert Soden einem ungebremsten religiösen Individualismus entgegen, wie er bei Harnack bisweilen droht.[87] Denn in der gegenwärtigen Krisensituation enthalte die notwendige Katholisierung, also Verweltlichung der Religion die „Aufgabe, der Religion zu einem geschichts- und gesellschaftsfähigen Organismus zu verhelfen, damit das religiöse Erlebnis sich nicht mit dem

83 Soden (Hans von) 1919, Bd. 2, 123 f.

84 A.a.O., 124.

85 A.a.O., 124 f.

86 Harnack 1909, 896 f. (Hervorhebung im Original). Zum Begriff der nur in Jesus zugänglichen „Gewissheit" bei Harnack vgl. Harnack 1899/1900, 36–51, bes. 44 f.

87 Vgl. auch Soden (Hans von) 1922b, 202–208 für die Gefahren eines solchen „Idealismus, Individualismus und Enthusiasmus" und „Quietismus" (202).

Individuum verflüchtigt", und die „Gefahr, die religiöse Gewißheit des Individuums auf etwas anderes zu stützen als den in ihm lebendigen Gott und dadurch zu brechen". Soden resümiert: „Jede Religion muß Kirche werden, wenn sie sich nicht verflüchtigen soll, und keine Religion darf ganz Kirche werden, wenn sie nicht erstarren soll."[88]

Von der einseitigen „Verkirchlichung" sei das Pendel in der Gegenwart in die entgegen gesetzte Richtung zur „Entkirchlichung" hin ausgeschlagen.[89] Um die Krise zu überwinden, müsse man Gott darum bitten, ein neues „Zeitalter des religiösen Enthusiasmus" herauf zu führen.[90]

Es fällt auf, dass Soden sich von der Geschichtsforschung, insbesondere der Erforschung des geschichtlichen Jesus, offenbar keine Neubelebung der Religiosität mehr erhofft – darin differiert er grundlegend von Harnack, der in seinen Vorlesungen zum „Wesen des Christentums" dieses Wesen bekanntlich durch die geschichtliche Forschung selbst eruieren und so wiederherstellen wollte.[91]

88 Soden (Hans von) 1919, Bd. 2, 125.

89 A.a.O.: „Der tote Punkt muß hier bald erreicht sein. Die Wendung, die dann eintreten muß, wird auch den geistigen Kampf der Konfessionen beleben und fördern, die zur Zeit als eine verkirchlichte und eine entkirchlichte Form des Christentums mehr auseinanderstreben als miteinander ringen, mehr um Mißverständnisse als um Gegensätze streiten".

90 A.a.O.; s.a. Soden (Hans von) 1922b, 212–218. Soden plädiert hier klar für eine antihierarchische, antidogmatisch ausgerichtete Volkskirche.

91 Vgl. Harnack 1899/1900, 15–18. Dazu Kinzig 2001b. Das Schema der drei Epochen der vorkonstantinischen Zeit wird von Soden auch in seinen Überblicksartikeln über „Altchristliche Literaturgeschichte" (Soden [Hans von] 1927a) und „Christentum: II. Geschichtliche Entwicklung" (Soden [Hans von] 1927b) für die zweite Auflage der RGG beibehalten, nun noch ergänzt um die (nachkonstantinische) „Reichskirche". Schärfer als zuvor wird der Gegensatz zwischen den zwar kunstlosen, aber dafür originellen Schriften der Frühzeit und den verwilderten Formen der pseudepigraphischen Literatur sowie zwischen den „wirklichen Geistträger[n] des Urchristentums" und den „christlichen Lehrer[n]", den „Theologen", herausgearbeitet (Soden [Hans von] 1927a), 263). Bei Letzteren wird dann nochmals unterschieden zwischen den „Apologeten" und den „reiferen und unter den Maßstäben des ausgebildeten Katholizismus korrekteren Schriften" der „altkatholischen Väter" des späten zweiten und dritten Jahrhunderts (ebd., 264). Die literarischen Veränderungen zu Beginn der Zeit der Reichskirche vollzogen sich nur langsam, „da die Gesellschaft noch lange heidnisch blieb". Daher

Die zweite Gesamtdarstellung aus der Feder Sodens erschien 1931 im zweiten Band der Propyläen-Weltgeschichte[92] und unterscheidet sich zunächst von dem Vorgänger durch die Beifügung von sorgfältig ausgewählten Abbildungen christlicher Kunst. Darüber hinaus setzt sie sich aber auch stilistisch insofern von der früheren Darstellung ab, als ihr Verfasser die geschichtsspekulativen Elemente weiter reduziert und die Darstellung gewissermaßen narrativ verflüssigt hat: Sie wird geschmeidiger und ist weniger schematisch, was ihrer Lesbarkeit zugutekommt.

Abgesehen davon werden nun auch die inhaltlichen Akzente etwas anders gesetzt. Die in der früheren Darstellung noch recht starren Epochengrenzen werden aufgeweicht. Die Bedeutung der Naherwartung als Unterscheidungsmerkmal zwischen Urchristentum und Frühkatholizismus tritt zurück. Dem gegenüber rückt Soden die *Universalisierung des Christentums* als „seine eigentliche Katholisierung" in den Vordergrund, schwächt dabei aber die Loslösung vom Judentum ab.[93] Unter dem Eindruck der Harnack-Monographie wird Marcion von den Gnostikern abgerückt und als eigenständiger Gegner des Christentums dargestellt, mit dem es keinen Kompromiss geben konnte.[94] Die insgesamt differenzierter wirkende Darstellung reicht nun auch in die nachkonstantinische Zeit der Reichskirche hinein und umfasst die Zeit bis zur Mitte des 5. Jahrhunderts. Ausführlich wird dabei auch das Mönchtum als christliche Erscheinung *sui generis* gewürdigt.[95] Soden sieht darin einerseits einen Protest gegen die Verweltlichung der Kirche, andererseits aber auch einen Zusammenhang „mit dem immer zunehmenden Durchdringen des sakramentalen Gedankens im Christentum [...], wonach es sich in diesem um eine dinglich-leiblich vermittelte Erlösung von der Leibes- und Dingewelt" gehandelt habe.[96] Dies führt Soden auf ein verstärktes Fortwirken antiker Traditionen zurück, das sich auch in der Übernahme von Elementen des Staats- bzw. Kaiserrechts im Kirchenrecht oder im Heiligen-,

erklärt sich die „weiter vorwiegend apologetische Haltung" der altchristlichen Literaturgeschichte (ebd., 266).

92 Soden (Hans von) 1931c.

93 A.a.O., 494.

94 A.a.O., 500–502.

95 A.a.O., 536–539.

96 A.a.O., 537.

Reliquien- und Bilderkult sowie im Festkalender geäußert habe.[97] Die Darstellung endet mit Augustin, der als „ein überzeugter, aber kritischer Katholik" vorgestellt wird.[98]

Mit diesen beiden Schriften ist das Bild der Alten Kirche bei Soden bereits hinreichend erfasst. Es verdankte sich in wesentlichen Punkten der Sicht Adolf von Harnacks, sowohl in der Frühdatierung der Katholisierung der Kirche als auch in der Auffassung, dass es im Zuge dieser Katholisierung zu einer notwendigen „Hellenisierung" gekommen sei, deren Bilanz ambivalent ausfiel. Freilich unterschied sich Soden von Harnack dadurch, dass er der Geschichtsforschung für die Begründung moderner Frömmigkeit weniger zutraute als sein Lehrer und jede Epoche als gleich unmittelbar zur Offenbarung ansah. Man hätte ihn vielleicht kritisch fragen können, ob es unter diesen Voraussetzungen im Grunde einer Kirchengeschichte für die Theologie überhaupt bedürfe. Hier schimmern geschichtshermeneutische Axiome in der Darstellung durch, über die Soden nirgends theoretisch Rechenschaft abgelegt hat.

Überblickt man die Arbeiten, die Soden in diesen mittleren Jahren sonst vorgelegt hat, so fällt auf, dass er – abgesehen von dem genannten Überblicksartikel – am nachkonstantinischen Christentum weiterhin eigentümlich desinteressiert war. Seine einzigen Beiträge hierzu waren Lexikonartikel, die er ab 1927 mit großem Fleiß für die zweite Auflage der Enzyklopädie „Die Religion in Geschichte und Gegenwart" verfasste (bis 1931 mehr als vierzig Einträge!).[99] Darunter befindet sich freilich auch der gewichtige Artikel „Christentum, II. Geschichtliche Entwicklung", die einzige Gesamtdarstellung der Kirchengeschichte aus seiner Feder. Sein Gewicht erhält der Artikel nicht zuletzt dadurch, dass Soden hier auch über die Frage räsoniert, inwiefern man von einer „Entwicklung" des Christentums überhaupt sprechen könne.

Schlüsselbegriff ist ihm erneut der „Katholizismus", den er (zunächst) nicht konfessionell versteht. Die „Ausbildung" und die „Zersetzung bzw. Umbildung des Katholizismus" zählt er zu den

97 A.a.O., 541–543.

98 A.a.O., 544.

99 Dinkler 1981, 215.

„wesentlichen ‚Veränderungen' " des Christentums in seiner Geschichte. Während das frühe Christentum durch die „Botschaft von eingetretenen und noch zum Eintreten bestimmten Ereignissen, die Glauben forderte", und durch „auf eine Gewißheit von bestimmten verborgenen oder zukünftigen Geschehnissen bezogene Autorität der Offenbarung" charakterisiert war, entstand im Katholizismus ein „System" oder ein „Organismus", „der als universale Wissenschaft und universales Recht die geschichtliche Welt zu begreifen und zu erfassen" beanspruchte, sowie eine „umfassende Metaphysik und Ethik", „Erkenntnisse und Gesetze, die ihrer Natur nach weithin rational und institutionell" waren und „durch Offenbarung nicht gesetzt, sondern nur bestätigt werden" konnten. Grundlage dieses „Systems" ist nach Soden seine „theoretische[.] und praktische [...] Vernünftigkeit, während die Autorität der Offenbarung und des Glaubens sich auf ganz bestimmte Aussagen und Ansprüche zurückzieht, die als solche weder rational zu begründen noch institutionell durchzuführen sind, sondern neben und über rationalen und praktischen Notwendigkeiten oder Bedingtheiten eine unbedingte Geltung als letzte Entscheidungsgründe für Urteile und Handlungen fordern".[100]

Etwas weniger sperrig formulierte er einige Jahre später in einer Vorlesung zur „Krisis der Kirche" (1931): „Die Verschmelzung von Christentum und Antike, Glaube und Vernunft, Gottesfurcht und Naturrecht ist – geschichtlich betrachtet – das Wesen des Katholizismus."[101]

In der Entstehung und in der Krise des Katholizismus gibt es nach Soden zweifellos eine Entwicklung des Christentums, womit die Frage aufgeworfen wird, ob durch diese Veränderungen auch dessen „Wesen" tangiert wird oder ob das Christentum „in seinem Wesen" unberührt bleibt. Die Frage lasse sich nicht entscheiden. Jedenfalls, so Sodens nüchterne Feststellung, habe der Protestantismus das Urchristentum nicht wiederherstellen können:

„Vielmehr vermochte er seine kath[olische] Vergangenheit so wenig auszuscheiden wie der nachreformatorische Katholizismus sich den Wirkungen der Reformation entziehen konnte; jene läßt

100 Soden (Hans von) 1927b.
101 Soden (Hans von) 1931d, 30.

sich keineswegs auf bloße Reste und Brüche, und diese lassen sich nicht auf bloße Antithesen zurückführen".

Dementsprechend seien „die drei scheinbar so fest geschlossenen Größen: Urchristentum, Katholizismus, Protestantismus als sehr schwer geschichtlich nachzuweisende Zusammenfassungen einer in dauerndem Fluß und steten Uebergängen bewegten Reihe von Veränderungen" erkennbar, womit sich „jenes konfessionelle Bild von der Kirchengeschichte, das die Kirche nur in den Schicksalen äußerer Verfolgungen und innerer Irrlehren, sowie der Abwehr beider in stereotypem Wechsel eine Geschichte haben ließ, [...] aufgelöst" habe.[102]

Die praktische Durchführung dieser Sicht von Kirchengeschichte weist nun einige überraschende Merkmale auf. So beschreibt Soden das Verhältnis vom Christentum zum Judentum mit geradezu modern anmutenden Kategorien, wenn er die urchristlichen Gemeinden „innerjüdische Sonderbildungen" nennt und die früheste Gestaltwerdung des Christentums als eine Art Schisma *innerhalb* des Judentums beschreibt. Ungewöhnlich ist auf den ersten Blick auch die Bezeichnung des Christentums als einer „synkretistische[n] Religion", entstanden aus einem bereits synkretistischen Judentum, welches „damals ungemein mannigfaltig und von der Uniformität des nach- und antichristlichen Rabbinismus weit entfernt" gewesen sei.[103] Freilich zeigt sich bei näherem Hinsehen, dass auch diese Bezeichnung bereits bei Harnack zu finden ist.[104] Die doppelte Spannung zwischen dem (älteren) Judentum und dem Synkretismus sowie „zwischen seinem aktuellen (pneumatischen) und seinem institutionellen (organischen) Charakter" habe die weitere Entwicklung des Christentums bestimmt,[105] welche sich in die drei großen Epochen vorkonstantinisches Christentum – spätantik-mittelalterlicher Katholizismus – moderner Konfessionalismus gliedere.[106] (In dieser Fixierung auf das abendländische

102 Soden (Hans von) 1927b, 1538 f.

103 A.a.O., 1539.

104 Synkretismus des Gnostizismus: Harnack 1909, 269–273; Synkretismus des Judentums des 1./2. Jahrhunderts: a.a.O., 111–121, 245, 324–334, Synkretismus des Christentums: a.a.O., 49, Anm. 1, 245, 347–350.

105 Soden (Hans von) 1927b, 1541.

106 A.a.O., 1546.

Christentum übersieht Soden die Geschichte der orthodoxen Kirchen, die in seinem Schema keinen Platz findet.)

Die Reformation wird „zunächst als Kirchenspaltung" gesehen, in deren Folge auf protestantischer Seite „religiös bestimmte Kirchentypen entstanden" seien, denen freilich „die grundsätzliche Unterstellung des Institutionellen unter das Aktuelle persönlicher Entscheidung, religiös gesprochen: göttlicher Erwählung" infolge der „grundlegenden Umkehrung des Verhältnisses von Bibel und Kirche" gemeinsam gewesen sei. Dies habe indessen nicht zu einer „Repristination des Urchristentums" geführt, da „dessen eschatologische und pneumatische Haltung nicht erneuert" wurde. Stattdessen wiesen auch die evangelischen Kirchen katholische Elemente auf, nämlich in der Beibehaltung einer theologischen und nicht pneumatischen Bibelexegese und des altkirchlichen Dogmas sowie in ihrem Charakter als Volkskirche.[107] Dem entsprechend sieht Soden in dem Ereignis der Reformation keinen Epochenumbruch wie den vom Urchristentum zum Katholizismus im Sinne einer grundsätzlichen Ablösung, sondern die Entstehung eines Nebeneinanders von Konfessionskirchen („Konfessionalismus"), welches auch die Aufklärung nicht auflösen konnte. Stattdessen gesellte sie den beiden Konfessionstypen neue Formen des Atheismus bei.[108] Für die gegenwärtige Situation diagnostizierte Soden in der bereits genannten Vorlesung zur „Krisis der Kirche" (1931) sowie dem Vortrag zu „Christentum und Kultur" (1933) eine Situation der Entkirchlichung und Säkularisierung, die er durch den Einsatz christlicher Apologetik sowie ein kritisch-positives Verhältnis zur Kultur zu überwinden hoffte.[109]

Die Geschichte des Christentums ist für Soden insofern *Entwicklung*, als sie eine „Kontinuität" aufweist, „die einen Schritt an den anderen schließt", gleichwohl nicht abgeschlossen ist. Damit wendet er sich sowohl gegen eine dialektische Geschichtsbetrachtung wie gegen Oswald Spengler, mit dessen „morphologischer" Geschichtsdeutung er sich zuvor in zwei inhaltsreichen Rezensionen

107 A.a.O., 1544.

108 A.a.O., 1544–1546. Ähnlich Soden (Hans von) 1931d, 33 f.

109 A.a.O., 39–55; Soden (Hans von) 1933a, 82–89.

intensiv auseinandergesetzt hatte.[110] Auch Ernst Troeltschs typenorientierte Darstellung lehnt er ab[111] und betont stattdessen, die drei Perioden der Geschichte des Christentums seien „rein als tatsächliche geschichtlich gegeben“:

„Weder sind sie als apriorisch notwendige zu begreifen, noch lassen sie die weitere Entwicklung (die zukünftige Dauer und Gestaltung) des Chr[istentum]s [...] irgendwie berechnen, sowenig die religionsgeschichtliche Entwicklung, in und aus der das Chr[istentum] selbst entstanden ist, für unsere Erkenntnis die Faktoren enthält und bestimmen läßt, aus denen es zur gegebenen Zeit und mit dem gegebenen Wesen entstehen mußte.“[112]

Stattdessen handele es sich bei der Entwicklung des Christentums um eine „Reihe von *Veränderungen*, deren jede die vorhergehende voraussetzt und die folgende bedingt, aber nie determiniert und nie wiederholt.“[113]

Von einem Entwicklungsgedanken auszugehen bedeute andererseits aber auch keine „historische Relativierung“ der konfessionellen Positionen des Christentums und insofern eine „Entwertung des Glaubens“.

„Die geschichtliche Bedingtheit einer Entscheidung, ihre Bezogenheit auf eine bestimmte, einmalige, geschichtliche Lage, hebt ihren Charakter als Entscheidung, die als solche in keiner Entwicklung untergeht, nicht auf. Vielmehr erweist sich die geschichtliche Entwicklung des Chr[istentum]s gerade durch die Entscheidungen des Glaubens in ihrer jeweiligen Konkretion vorzüglich bestimmt, der gleichsam unter ihren verschiedenen, wiewohl begrenzten Möglichkeiten die Wahl trifft und an geschichtlicher Wirkung nicht einbüßt, auch wenn er sich nur gebrochen verwirklicht [...]. Die erforschende und verstehende Erkenntnis geschichtlicher Entwicklung des Chr[istentum]s hat eben in der Erziehung zur Entscheidung ihren unveräußerlichen Wert.“[114]

Man spürt an Äußerungen wie diesen, wie sich der reife Soden mit großer historischer Bildung, die auch von seinen Studenten

110 Soden (Hans von) 1921b; 1924a.
111 Soden (Hans von) 1922b, 204 f.
112 Soden (Hans von) 1927b, 1547.
113 A.a.O., 1548 (Hervorhebung im Original).
114 A.a.O., 1549.

goutiert wurde,[115] auf eine Gesamtbetrachtung des Geschichtsverlaufes zubewegt, ohne jedoch einzelne Unklarheiten seiner Theoriebildung auszuräumen. Deutlich ist die Frontbildung gegen jede Form von Geschichtsdeutung mittels übergeordneter Theoreme, Analogien und Metaphern und der Versuch der Rückgewinnung einer neuen Nüchternheit in der historischen Betrachtung.[116] Doch vermag er, wenn ich es recht sehe, seinerseits keine geschlossene Theorie der Geschichte anzubieten. Der Verweis auf die „Kontinuität" und die „Tatsächlichkeit" der Geschichte verdeckt, dass auch bei Soden eine – freilich nicht weiter explizierte – „dogmatische Idee" der Geschichtsanschauung zugrunde liegt, wie er sie bei seinen Gegnern ablehnt. Letztlich unbeantwortet bleibt die Frage, wie denn genau sich das „Wesen" des Christentums zu dessen geschichtlicher Entwicklung verhält. Unausgeführt ist bei ihm auch der Begriff der „Erziehung zur Entscheidung" als Ziel kirchengeschichtlicher Arbeit. Man darf aber vermuten, dass der Begriff der „Entscheidung" als Legitimation für Sodens späteres Eintreten für die Bekennende Kirche eine wichtige Rolle gespielt haben dürfte.

Weitere größere Geschichtsdarstellungen oder -reflexionen hat Soden nicht mehr vorgelegt, dazu wurde er von anderen Aufgaben und Tätigkeiten zu sehr in Anspruch genommen. Schon Ende 1932 klagte Rudolf Bultmann gegenüber Martin Heidegger, Soden „verzehre seine Kraft mit Nebenämtern aller Art".[117] Mit Beginn

115 Vgl. die Beschreibung durch den Niederländer Willem van Lennep aus dem Jahr 1933 (Lennep 1933), nach dessen Auffassung Soden „vielleicht einer der allerbesten Kirchenhistoriker der Welt" sei. „Seine weitreichenden Perspektiven, seine Auffassung von Verhältnissen, Erscheinungen und dem Entwicklungsgang in der Kirchen- und Dogmengeschichte machen seine Vorlesungen zu einem anhaltenden Genuß, der durch seinen Sinn für Humor noch verstärkt wird. Außerdem ist von Soden ein einflußreicher Neutestamentler, ein Sohn des berühmten Textkritikers".

116 Soden (Hans von) 1922b, 202–208. Dazu sind die beiden im Duktus ähnlichen Vorträge Harnacks über den Geschichtsbegriff zu vergleichen (Harnack 1917; 1920), die ebenfalls die Skepsis ihres Verfassers gegenüber der Anwendung von Entwicklungsvorstellungen auf die Historie zum Ausdruck bringen. Allerdings äußert sich Harnack der Methodik Spenglers gegenüber wesentlich positiver (bes. Harnack 1920, 180 f.).

117 Bultmann an Heidegger, 11./14.12.1932, in: Großmann/Landmesser 2009, 188.

des Dritten Reiches und seinem damit einher gehenden Engagement in der Bekennenden Kirche sowie mit fortschreitender Krankheit ist Sodens wissenschaftliche Publikationstätigkeit fast völlig zum Erliegen gekommen, sieht man einmal ab von zwei Vorträgen zur „Christianisierung der Germanen" (1934)[118] und zu Augustin als dem „Vater der abendländischen Kirche" (1938),[119] die sich aber ebenfalls an ein breiteres Publikum richteten. Der erste dieser beiden Vorträge ist insofern bemerkenswert, als Soden bereits im Titel das auch völkisch missbrauchte Schlagwort von der „Germanisierung des Christentums" umdrehte[120] und das heikle Thema besprach, ohne in eine völkische oder gar antisemitische Diktion zu verfallen. Vielmehr distanzierte er sich ausdrücklich von einer Identifikation von Volkstum und Rasse.[121] Zwar äußerte er auch die Auffassung, es gebe eine spezifische Form des germanischen im Unterschied zum romanischen Christentum. Doch führte diese Erkenntnis nicht zur Ausbildung eines Bewusstseins der völkischen oder auch nur kulturellen Überlegenheit, wie die eindrucksvollen Schlusssätze deutlich machen:

„Die Erkenntnis solcher Volkseigenart kann aber gerade für den religiösen, d.h. den gottverbundenen, gottgebundenen Menschen gar nichts anderes bedeuten als die Erkenntnis einer besonderen Aufgabe und kann niemals ein Werturteil begründen, das von der eigenen Art hoch und von der anderen gering denkt. Die Verachtung des anderen und Gottesglaube schließen sich aus; denn Gott ist auch Gott der anderen, wenn er Gott ist, und er verpflichtet mich ebenso auf die Verantwortung für mein Leben und mein Volk wie auf die Achtung vor dem anderen Menschen und dem anderen Volk. Mit diesem Gottesglauben, dieser Gottesfurcht ist man Christ, oder man ist es nicht. Das ist demgemäß die Frage, vor die die Deutschen gestellt sind. Es ist konkret gesehen die Frage, ob

118 Soden (Hans von) 1934.

119 Soden (Hans von) 1938.

120 Vgl. zur Begriffsgeschichte: Schäferdiek 1984 und 1996.

121 Vgl. Soden (Hans von) 1934, 114, Anm. 2: „Der Vortrag bot nicht Raum, auf die verwickelten Fragen einzugehen, die mit dem Begriff des Volkstums schon gestellt sind, so insbesondere nicht auf das Verhältnis von Volkstum und Rasse. Daß beide nicht dasselbe sind, mag aber nachdrücklich in Erinnerung gebracht werden." Zu Sodens Haltung gegenüber dem Antisemitismus vgl. Hein 1992; Lippmann 2003, 328–334.

ihnen die Bibel, die als Buch, als Literatur in fremder Sprache, von fremden Völkern zu uns gekommen ist, Gottes Wort und der Jude Jesus Gottes Christus ist; ob sie in beiden Gottes Offenbarung oder ein Stück fremder Geschichte finden, die sie letztlich nichts angeht. Dies kann sich aber nur entscheiden und kann sich übrigens nicht ein für allemal, sondern muß sich immer neu entscheiden, indem man erkennt und bekennt oder verkennt und bestreitet, daß der Gott der Bibel und der Gott Jesu der wahre und alleinige Gott ist. Das haben in ihrer Weise und in den Formen und den Schranken ihres geschichtlichen Alters die Germanen erkannt, als sie in dem von ihnen zerschlagenen römischen Reich die christliche Kirche fanden und sich ihr einfügten. Daran hat sich der deutsche Geist geschichtlich bestimmt, der werden sollte, und ich gedenke, meinen deutschen Vätern treu zu bleiben."[122]

Nicht minder eindrucksvoll beendete er sein Porträt Augustins mit einem Bußruf an die Kirche der Gegenwart, die bereit sein müsse, „mit allen Autoritäten der Vergangenheit zu brechen und es allein auf Gottes Wort zu wagen", eine im zeitgeschichtlichen Kontext eminent politische Aussage, die eine radikale Absage an jede Form nationalsozialistischer Ideologie implizierte.[123]

Die Kriegswirren und der frühe Tod hinderten Soden daran, wie sein Schüler Werner Georg Kümmel berichtet, „eine ‚Theologie des Neuen Testaments' zu schreiben, an der er nach brieflichen Mitteilungen in seinen letzten Jahren sehr intensiv gearbeitet hat, und dieser Neutestamentlichen Theologie eine Darstellung der Dogmengeschichte folgen zu lassen".[124] Ich frage mich allerdings, ob diese Arbeiten, die den Versuch bedeutet hätten, den Vater, der selbst „nur" eine „Urchristliche Literaturgeschichte", aber keine Neutestamentliche Theologie vorgelegt hatte,[125] bzw. den Lehrer, dessen „Lehrbuch der Dogmengeschichte" schon damals als epochemachend galt, zu übertrumpfen, nicht auch aus anderen Gründen zum Erliegen gekommen sind.

122 Soden (Hans von) 1934, 138 f.

123 Soden (Hans von) 1938, 110.

124 Kümmel 1981, 201. Vgl. Dinkler/Dinkler-von Schuberg/Wolter 1984, 23 (Zitat eines Briefes von Erich Dinkler aus dem Feld vom 23.10.39): „Mit v. Soden hatte ich noch in Marburg gesprochen. Er arbeitet jetzt an seiner ‚Theologie des Neuen Testaments'."

125 Soden (Hermann von) 1905.

Ich fasse zusammen und kehre dabei zu unserer Eingangsfrage nach der Konfessionalität der Kirchengeschichte bei Soden zurück. Der Marburger Gelehrte hat kein patristisches Œuvre aufzuweisen, welches seinem Lehrer Harnack und seinem Berliner Kollegen Lietzmann an Umfang und Originalität ebenbürtig wäre. Seine eigentlichen Meriten liegen in der philologischen Kärrnerarbeit, die er in seinen Qualifikationsschriften geleistet hat und die sich mit der Erforschung des neutestamentlichen Textes beschäftigen, und in der Erforschung von Fragestellungen, die sich aus dieser Ausgangskonstellation ergaben. Sein Bild der Kirchengeschichte war zunächst von Harnack geprägt, mit dem er auch die Skepsis gegenüber der Aktualität der altkirchlichen Dogmenbildung teilte. Er entfernte sich aber in der Relativierung der Bedeutung der Reformation in seinen mittleren Jahren deutlich von seinem Lehrer. Mit dem Kirchenkampf trat, wie wir eingangs sahen, das Bemühen um konfessionelle Selbstbehauptung in apologetischem Sinn gegenüber den theologischen Verirrungen der Deutschen Christen stärker in den Vordergrund, freilich ohne konfessionalistisch eng geführt zu werden. Vielmehr speiste sich Sodens Selbstverständnis als *evangelischer* Kirchenhistoriker unverändert aus einem *humanistisch* grundierten Kulturprotestantismus. Wenn er Lietzmann gegenüber in seinem Brief von 1939 darauf insistierte, man müsse als Kirchenhistoriker „Wesen und Ursprung" der Kirche zu begreifen suchen, dann hieß das für ihn nicht Rückkehr zu einem historisch rekonstruierten und darum möglicherweise fiktiven Urchristentum, bedeutete das aber auch nicht, auf einem konfessionellen Traditionsbestand zu beharren, sondern meinte das die immer wieder neue Vergewisserung des durch Jesus Christus geoffenbarten Heils und die mutige Verteidigung dieses Heilsangebots gegen die dunklen Mächte seiner Zeit.

Hans von Soden im Spannungsfeld von Bekennender Kirche und Landeskirchenausschuss – Der kirchliche ‚Sonderweg' von Kurhessen-Waldeck im Nationalsozialismus

von Jochen-Christoph Kaiser

Nachdem wir Näheres über den wissenschaftlichen Werdegang Hans von Sodens und sein Profil als Neutestamentler und Historiker der Alten Kirche gehört haben, soll es in diesem Beitrag um sein kirchen- und theologiepolitisches Wirken in seiner Landeskirche während des Dritten Reiches gehen.[1] Um es vorwegzunehmen: Von Soden gehörte zu den wenigen Theologieprofessoren jener Zeit, die sich bei aller Leidenschaft für ihren Beruf zeitlebens auch in die aktuelle Kirchenpolitik einmischten. Dabei kam ihm ein starkes Interesse für Kirchenrecht entgegen, das neben Neuem Testament, Alter Kirchengeschichte und Christlicher Archäologie in Marburg auch zu seinen Lehraufgaben zählte. Bereits von Breslau aus wirkte er an den Beratungen der neuen Verfassung der Altpreußischen Union mit, die im September 1922 in Kraft trat.[2] Allerdings kämpfte er damals ganz im Unterschied zu seinen späteren Jahren hier gegen episkopale Tendenzen bzw. die Einführung des Bischofsamtes und trat vehement für das allgemeine Priestertum aller Gläubigen ein, das im Zuge der Zeit und ihrer Demokratisierungsbestrebungen nach dem Ersten Weltkrieg lag und auch die Landeskirchen nicht aussparte.[3] Dass von Soden kein überzeugter Demokrat im Sinne der Weimarer Reichsverfassung war, sondern – um es mit Friedrich Meinecke zu formulieren – sich eher als Herzensmonarchist und Vernunftrepublikaner verstand, bedeutete für ihn keinen Widerspruch. Er tat sogar ein Übriges und schloss

1 Überblick zur Geschichte der nordhessischen Kirche in der Weimarer Republik und im Dritten Reich bei Kaiser 2012.

2 Vgl. Wesseling 1995a; ferner die Dissertation Stahl 2013.

3 Dazu Jacke 1976, bes. 271 ff. u. pass.

sich nicht wie zahlreiche seiner Kollegen der klassischen Partei des deutschen Protestantismus, nämlich der DNVP an, sondern wurde Mitglied der Deutschen Volkspartei, in der sich die Nationalliberalen des Kaiserreichs nach 1918 sammelten. Das war von heutiger Warte aus betrachtet bereits ein Fortschritt gegenüber dem zähen Beharren der Deutschnationalen auf altkonservativen Werten und einer Wiederherstellung der Monarchie. Deutlich wurde dies auch in seiner pragmatischen Anpassung an gesellschaftliche Erfordernisse der Zeit, so wenn er sich in der Marburger Hochschulpolitik für die Etablierung und Förderung der örtlichen Dependance der 1925 gegründeten Studienstiftung des Deutschen Volkes einsetzte, die leistungsstarken Studierenden ungeachtet ihrer sozialen Herkunft das Studium finanzierte und laut Satzung ausdrücklich einen klassenlosen Bildungszugang für alle Hochbegabten schaffen wollte.[4]

Der Fokus dieses Beitrags liegt jedoch nicht auf den Jahren der Republik, sondern auf der kirchenpolitischen Wirksamkeit Hans von Sodens zwischen 1933/34 und seinem frühen Tod am 2. Oktober 1945. Dieser war mitbedingt durch seine Herzkrankheit, die ihn lebenslang belastete und auch verhinderte, dass er im Ersten Weltkrieg zum Wehrdienst eingezogen wurde. Des Weiteren schwächten seine rastlosen Bemühungen um den rechten Kurs seiner nordhessischen Kirche in den Verwicklungen nach 1933 seine Gesundheit zusätzlich, so dass diverse Pläne, ihn 1945 zum ersten Bischof der Landeskirche zu berufen mit der Option, ggf. anstelle des württembergischen Bischofs Wurm erster Ratsvorsitzender der im August 1945 im kurhessischen Treysa neugegründeten EKD zu werden, mit seinem Tod hinfällig wurden.[5] Das chronische Leiden und seine intensive Mitarbeit im Bereich der Landeskirche beeinträchtigten seine wissenschaftliche Produktivität seit den frühen 1930er Jahren. Dafür trat er umso stärker als akademischer Lehrer und Seelsorger der Studierenden hervor, was sowohl deren Beteiligung am ‚Kirchenkampf' betraf wie nach Kriegsbeginn die Fürsorge für die eingezogenen verwundeten oder gefallenen Studenten und deren Angehörige.

4 Kunze 2001.
5 Wesseling 1995a.

Im Bereich der Universität, der er im ausklingenden akademischen Jubiläumsjahr 1927/28 als Rektor vorgestanden hatte, war von Soden ein bekannter Mann; 1933/34 bekleidete er das einflussreiche Amt des Dekans der Theologischen Fakultät, das er allerdings nach seiner kurzzeitigen Zwangsemeritierung am 4. August 1934 verlor und auch nach seiner Rehabilitierung und Wiedereinsetzung ins Professorenamt Ende Oktober des Jahres nicht wiedererlangte.[6] Während an anderen Marburger Theologen die politisch grundstürzenden Ereignisse der Jahre nach der NS-Machtergreifung scheinbar spurlos vorübergingen,[7] nahm von Soden die im völkisch-nationalistischen Kurswechsel liegenden Herausforderungen für Wissenschaft, Kirche und Theologie sogleich an: Seiner Vorlesung im SS 1933 über ‚Die Geschichte der Kirche im Zeitalter der Reformation und Gegenreformation' stellte er am 4. Mai 1933 eine ‚Erklärung zur der besonderen Lage der Gegenwart' voran,[8] die in der Sammlung von Michael Wolter abgedruckt ist und die Wolfram Kinzig in seinem ausführlichen Beitrag über „Ev. Patristiker und Archäologen im ‚Dritten Reich' " 2001 noch einmal vorgestellt und interpretiert hat. Von Soden fand in seiner Erklärung deutliche Worte der Kritik an Deutschtümelei und Diskriminierung politisch Andersdenkender und betonte das Recht der christlichen Konfessionen auch jene Werte zu vertreten, die im Rahmen des Nationalen keinen Platz hätten. Ferner wandte er sich gegen die sich abzeichnende Politisierung der Hochschulen und beharrte auf dem liberalen Grundsatz, „daß sich die Wissenschaft keine Voraussetzungen von außerhalb ihrer selbst diktieren [lasse]", weder im Namen der Nation noch einer bestimmten Konfession. Auch zur sog. Judenfrage äußerte er sich eindeutig, verwarf die Anwendung von Gewalt als Unrecht und die „Kränkung von Menschen anderer rassischer Herkunft" als politisch wie moralisch illegitim. – Das waren deutliche Worte, die bei den Funktionären der neuen Staatspartei den Verdacht wecken mussten, hier

6 Die Zurruhesetzung erfolgte aufgrund des Gesetzes zur Wiederherstellung des Berufsbeamtentums v. 07.04.1933 (RGBl. 1933 I, 175–177); Wolter 2000. S.a. Lippmann 2003, bes. 181–187 u. pass.

7 Kaiser/Lippmann/Schindel 1998.

8 Dinkler/Dinkler-von Schubert/Wolter 1984; ausführlich zitiert bei Kinzig 2001a, 559 ff.

kämpfe ein entschiedener Gegner des NS-Regimes gegen dessen weltanschauliche Grundlagen.

Von Soden hat noch eine Reihe weiterer kritischer Stellungnahmen zur Wissenschafts-, Juden- und Kirchenpolitik des Dritten Reiches mitunterschrieben oder selbst publiziert, von denen das Gutachten zur von den Deutschen Christen geforderten Einführung des sog. Arierparagraphen in die kirchliche Gesetzgebung am bekanntesten geworden ist.[9] Ich will deshalb auf das Marburger und Erlanger Votum zu diesem Problemkreis hier nicht eingehen, streife die damit zusammenhängenden Fragen aber noch einmal im Zusammenhang mit der Auseinandersetzung um die ‚Godesberger Erklärung' und ihre Varianten aus den späten 1930er Jahren.

Die Jahre 1933/34 bilden einen ersten Schwerpunkt dieses Überblicks, der die wichtigsten Strömungen nachzeichnet, die im Umfeld der Machtergreifung und den folgenden beiden Jahren die Geschehnisse in Hessen-Kassel bestimmten. – Den ‚Mainstream' des kirchengeschichtlichen Verlaufs verließ Kurhessen-Waldeck 1935 mit Einsetzung des Reichskirchenausschusses (RKA) bzw. der Landeskirchenausschüsse (LKAu) durch das Reichskirchenministerium (RKM). Hier liegt der Fokus des zweiten Hauptabschnitts. Denn obschon auch sein Mandat wie das der anderen Ausschüsse nur auf zwei Jahre befristet war, amtierte der nordhessische LKAu bis Kriegsende und markierte damit einen ‚Sonderweg', den es in dieser Form in keiner der anderen deutschen Landeskirchen gegeben hat. Der Grund dafür lag neben vielem Anderen in einem *historischen Kompromiss* zwischen der Bekennenden Kirche in Kurhessen-Waldeck bzw. ihrem Landesbruderrat (LBR) und den ‚Neutralen' unter Einbeziehung der gemäßigten Deutschen Christen (DC) in dieser Landeskirche. Allerdings neigten viele dieser sog. Neutralen, die auch ‚die Mitte' genannt werden, der Bekennenden Kirche (BK) zu, machten dies aber aus

9 Zu letzterem vgl. Liebing 1977. – Der 2005 verstorbene Marburger Kirchenhistoriker hat allerdings eine lange verschollene Akte aus dem Bestand des Hessischen Staatsarchivs Marburg nicht benutzen können, die erst kürzlich wiederaufgetaucht ist: ‚Akten der Theologischen Fakultät der Philipps-Universität Marburg' StAM, UA-Mbg, 307a, Nr. 1; diese enthält wichtige Hinweise auf Rezeption und Verbreitungsgrad der Initiative von Sodens.

heterogenen kirchenpolitischen Motiven nicht öffentlich. Die Deutschen Christen (DC) spielten in Kurhessen-Waldeck ab 1935 eine eher marginale Rolle und ordneten sich dem Kirchenregiment des LKAu in der Regel unter. Dass ihr radikaler Flügel, die Thüringer ‚Kirchenbewegung', bis auf wenige Protagonisten hier nicht vertreten war, erleichterte den im Ganzen sachbezogenen Kurs des von Pfr. Friedrich Happich, dem Anstaltsleiter der diakonischen Einrichtung Hephata/Treysa geführten Landeskirchenausschusses. Auch innerhalb der kurhessisch-waldeckschen BK fehlten die jungen ‚Radikalen', die in anderen Landeskirchen, vor allem der altpreußischen Kirchenprovinzen, vielfach den Ton angaben. Das kleine Häuflein der Unentwegten, die sich an Dahlem und der zweiten Vorläufigen Kirchenleitung orientierten, wurde durch Mehrheit der Gemäßigten zusammen mit den Neutralen immer wieder diszipliniert und zurückgedrängt. Hans von Soden als Vorsitzender des kurhessischen Bruderbundes bzw. der hiesigen BK und sein Geschäftsführer Bernhard Heppe spielten dabei eine ausschlaggebende Rolle. Von zentraler Bedeutung war ferner die integrative Funktion des kurhessischen Pfarrervereins, dessen Leiter, Pfr. Hermann Wepler/Eschwege, Deutscher Christ war und blieb, aber die Interessen seines Standesverbands – ebenso wie auch die dezidierten BK-Mitglieder des Vereins – über die eigene parteipolitische Option stellte. – Die Kriegsjahre mit ihren Sonderproblemen sollen hier ausgeklammert bleiben: einmal, weil Hans von Soden nach seinem Bruch mit Happich und aufgrund seines sich verschlimmernden Herzleidens ab 1940 in den Hintergrund der kurhessisch-waldeckschen Kirchenpolitik und ihrer Gestaltung trat. Die Vorstellungen, die Hans von Soden für den Neubau der Kirchenverfassung nach Kriegsende entwickelte, werden Thema des Beitrags von Michael Stahl in diesem Band sein.

1. Die kirchenpolitische Lage bis 1935

Der sog. Kirchenkampf – nach heutigem Verständnis primär auf die Jahre 1933/34 bezogen[10] – entwickelte mit seinen divergierenden Flügeln in Kurhessen eine eigene Ausprägung und unterschied sich darin von anderen Landeskirchen: Weder die DC noch die Bekennende Kirche standen sich hier mit jener Aggressivität gegenüber wie in den preußischen Provinzialkirchen, in Südhessen oder in Thüringen und dem Freistaat Sachsen. Dafür benötigten die späteren Mitglieder der Bekennenden Kirche in Kurhessen bzw. des Bruderbunds für ihren organisatorischen Zusammenschluss auch längere Zeit.[11] Offenbar besaßen die Pfarrer in Kurhessen Sympathien für eine (gemäßigte) Volksnomostheologie und standen bis auf wenige Ausnahmen der Dialektischen Theologie Karl Barths nicht gerade nahe. Allerdings gab es darüber hinaus eine verbreitete Scheu, sich fest an eine bestimmte kirchliche Partei oder Fraktion zu binden,[12] um nicht auf diese Weise die eigene Unabhängigkeit zu verlieren und am Ende die Einheit von Kirchenleitung, Pfarrerschaft und Gemeinden aufs Spiel zu setzen. Die Erinnerung an die hessische Renitenz und den erzwungenen Auszug von 43 Geistlichen aus der Landeskirche war auch 60 Jahre nach diesem Ereignis noch virulent und prägte die Mentalität der kirchlichen Akteure vielleicht mehr, als ihnen selbst bewusst war.[13] Die meisten Gemeinden und ihre Pfarrer waren ‚gut landeskirchlich gesonnen'. Deshalb widerstrebten ihnen Mitgliedschaften in übergemeindlichen Gruppierungen, die bestimmte Positionen kämpferisch vertraten und damit den innerkirchlichen wie -gemeindlichen Konsens gefährden konnten. Das

10 Vgl. Mehlhausen 1994, bes. 43 f. Der Vf. hält den Terminus für – in offenkundiger Anlehnung an Martin Niemöller und dessen Diktum von den Jahren 1933/34 als ‚Kampf in der Kirche um die Kirche' – für diesen Zeitabschnitt für zutreffend, lehnt ihn jedoch als Epochenbezeichnung des Staat-Kirche-Verhältnisses für das gesamte Dritte Reich ab.

11 Dazu der Abriss bei Martin Hein, Einleitung, in: Hein/Dorhs 1996/2013, Bd. 1, 13–16. S.a. die angefügte Chronologie dort, 16–22, und den Überblick bei Slenczka 1977, 26 ff. und pass. sowie vor allem Meier 1976/84, Bd. 1.

12 So Karl Bernhard Ritter in einem Bericht für Martin Niemöller über die kirchliche Lage in Kurhessen v. Sommer 1933; zit. nach Hein 2009b, 107.

13 Dazu Kemler 2005; dort auch die wichtigste Literatur zu diesem Thema.

galt besonders für die Anhänger der BK: Eine Unterschrift unter die ‚rote (Mitglieds-) Karte' „schien potentiell die Tendenz zur Separation von der Ortsgemeinde zu enthalten, obschon die Kurhessische Bekennende Kirche Bestrebungen dieser Art keineswegs förderte".[14] Obendrein spielten – wie gesagt – die ‚Radikalen' unter den BK-Anhängern in der ELKW kaum eine Rolle, d.h. die Befürworter des Kurses der zweiten Reichsbekenntnissynode in Berlin-*Dahlem* vom Oktober 1934 hatten hier keine Chance. Das sollte sich in der Epoche des Landeskirchenausschusses ab 1935 zeigen, wo gelegentliches Aufbegehren einzelner Mitglieder des Bruderrats gegenüber der kompromissbereiten Linie des Vorsitzenden Freiherr von Soden sogleich mit Verweis auf Sachzwänge oder gar mit Rücktrittsdrohungen von Sodens erfolgreich abgewehrt wurden.

Obwohl auch von Soden bei der Gründung des Pfarrernotbundes im Oktober 1934 dabei gewesen war, an allen kommenden Reichsbekenntnissynoden teilnahm und hier wie im Reichsbruderrat als Referent für die Theologischen Fakultäten eine wichtige Funktion wahrnahm, spielte zunächst der Marburger Stadtpfarrer Karl Bernhard Ritter die ausschlaggebende Rolle bei der Bildung eines kurhessischen Ablegers des Pfarrernotbundes: Sein Rundbrief an die Mitglieder der ‚Arbeitsgemeinschaft kurhessischer Pfarrer', in dem er als Teilnehmer über die in Berlin stattgefundene konstituierende Sitzung des Pfarrernotbundes am 20. Oktober informierte,[15] wirkte wie eine Initialzündung.

Eine wesentliche Rolle für den Zusammenhalt der Mitglieder des Bruderbundes spielten die in der Regie von Bernhard Heppe aus Cölbe verfassten und versendeten Rundbriefe, die derzeit nach und nach ediert werden. Angesichts einer mehr und mehr gleichgeschalteten Presse, deren Berichte über den Kirchenkampf nur die einseitige Perspektive von Partei, Reichskirche und GDC wiedergaben, wurden diese Rundbriefe zu einem zentralen Kommunikationsmittel, nicht nur hinsichtlich der inneren Stärkung der Mitglieder des Bruderbundes, sondern auch was sonst nicht zugängliche Informationen betraf. Dabei profitierte der neue Zusammenschluss von den engen Beziehungen zu dem in einem regional

14 Meier 1976/84, Bd. 3, 420.

15 25.10.1933; Text bei Hein/Dorhs 1996/2013, Bd. 1, 24–28.

wie kirchenpolitisch größeren Kontext operierenden Pfarrernotbund, unterstellte sich diesem jedoch nicht, sondern wahrte seine Eigenständigkeit. Ob das mit mentalitätsbedingten Motiven zusammenhing, durch sachliche Unterschiede bedingt war oder – wie Martin Hein meint – daraus zu erklären ist, dass man sich in erster Linie als „Sammlungsbewegung *kurhessischer* Pfarrer" verstand, wird sich nachträglich nicht mit letzter Sicherheit entscheiden lassen. Ein Indiz für das letztere Argument könnte die weitere Entwicklung des Jahres 1934 sein, in der die Deutschen Christen als negativer Hauptbezugspunkt in den Hintergrund rückten. Als viel gefährlicher empfand man nun die aggressiver werdende Kirchenpolitik von Staat und Partei in Kurhessen und das gewaltsam vorangetriebene Eingliederungswerk der Reichskirchenführung. Dies ließ auch in Hessen-Kassel jene Bekennende Kirche entstehen, die aus dem Nukleus des Bruderbundes heraus den Anspruch erhob, die Neuordnung der kirchlichen Verhältnisse mitzugestalten.[16] Bis Ende 1933 schlossen sich etwa 40 % aller kurhessischen Geistlichen dem Bruderbund an, der damit weit höhere Kopfzahlen erreichte als die regionale GDC. Das ist eine beachtenswerte Größenordnung, wenn man das bekannte Misstrauen innerhalb der kurhessischen Pfarrerschaft gegenüber solchen vereinsmäßigen Festlegungen berücksichtigt, die zu harten Kontroversen mit womöglich kirchenspaltenden Konsequenzen führen konnten. Die heftigen Auseinandersetzungen innerhalb der Bekennenden Kirche in den Jahren von 1934 bis 1936 wirkten höchstens indirekt und abgeschwächt auf Kurhessen-Waldeck zurück: Das im Oktober 1934 auf der 2. Reichsbekenntnissynode in Dahlem proklamierte ‚Notrecht' mit seiner in Abschnitt III,3 enthaltenen Forderung an alle Pfarrer, Gemeinden und Kirchenvorstände, „von der bisherigen Reichsregierung und ihren Behörden keine Weisungen entgegenzunehmen und sich von der Zusammenarbeit mit denen zurückzuziehen, die diesem Kirchenregiment weiter gehorsam sein woll[t]en",[17] fand innerhalb der ELKW keinen unmittelbaren Widerhall. Zu eng waren hier die kirchlichen Netze, welche

16 A.a.O., 14; kursiv im Original. – Neben den Rundbriefen erschien ab Dezember 1934 eine nur für BK-Mitglieder bestimmte Beilage des Kasseler Blattes ‚Sonntagsbrief', die von Hans Slenczka redigiert wurde.

17 „Botschaft der Bekenntnissynode der Deutschen Evangelische Kirche", in: KJb 1933–1944, 82 f.

die unterschiedlichen kirchlichen Gruppen untereinander verbanden. Im Vorgriff auf die gleich zu behandelnde Kirchenausschusszeit lässt sich in diesem Zusammenhang feststellen, dass selbst die faktische Spaltung der BK auf der letzten Reichsbekenntnissynode in Bad Oeynhausen, als es um die Frage der Anerkennung der Ausschüsse im Reich und in den Landeskirchen ging, kaum Rückwirkungen auf Hessen-Kassel und Waldeck zeigte. Diese Tendenz einer partiellen Abkopplung von der Entwicklung im Reich verstärkte sich mit Beginn der Kirchenausschusszeit. Unter dem Vorsitz Happichs „steuerte die Landeskirche Kurhessen-Waldeck [...] einen im ganzen ruhigen Kurs", urteilt der Leipziger Kirchenhistoriker Kurt Meier. Von Außenstehenden sei die Landeskirche deshalb gelegentlich als „Insel der Seligen" im Umfeld des Kirchenstreits bezeichnet worden. Der Hauptgrund dafür lag in dem Verzicht des Landesbruderrats der BK unter von Soden auf eigene kirchenregimentliche Befugnisse. Dafür hatte der Bruderrat für eine enge Kooperation mit dem LKAu die permanente Abstimmung zwischen beiden Gremien zur Bedingung gemacht.[18]

2. Der Landeskirchenausschuss

Auch in Kurhessen-Waldeck wurde 1935 ein Landeskirchenausschuss gebildet, auf dessen Zusammensetzung der neu etablierte Reichskirchenminister Hans Kerrl zwar entscheidenden Einfluss nahm, andererseits aber dafür sorgte, dass nur gemäßigte Mitglieder der streitenden Kirchenparteien BK und Deutsche Christen sowie der neutralen Mitte in das Gremium berufen wurden. Unter den sechs Mitgliedern – fünf Theologen und ein Jurist – gehörten nur zwei Theologen zu den DC, zwei weitere, darunter der als Vorsitzender vorgesehene Friedrich Happich, hatten diese Gruppierung nach dem Sportpalastskandal verlassen und wurden nun als Vertreter der Mitte angesehen, während der junge Kasseler Landgerichtsrat Ferdinand Fricke zwar Parteigenosse und nebenamtlicher Leiter der Rechtsabteilung in der Kasseler NSDAP-Kreisleitung war, sich jedoch wie der Ziegenhainer Kreispfarrer bzw. Dekan Fritz Laabs zur BK hielt. Von Soden war formell nicht Mitglied geworden, was sicher auch an der Berliner politischen Skepsis ihm

18 Meier 1976/84, Bd. 3, 419 f.

gegenüber seit seiner kurzzeitigen Suspendierung und Wiedereinsetzung in seine Professur zu tun hatte. Aber der Marburger Theologe entwickelte sich im Laufe der Jahre – der LKAu fungierte wie erwähnt ja bis 1945 als Kirchenregierung in Kurhessen-Waldeck! – als bedeutsamer Gegenpol zu Friedrich Happich. Dieser vermied es zwar, sich in divergierenden Fragen offen gegen von Soden und dessen Anhänger zu stellen, verfolgte jedoch seinen eigenen Kurs und scheute auch den Konflikt mit von Soden nicht, der freilich meist im kleinsten Kreis und oft auch nur brieflich ausgetragen wurde.

Gleichwohl war die im Ganzen verträgliche Zusammenarbeit innerhalb des Ausschusses auch dem Vorsitzenden Friedrich Happich zu verdanken, der sich durch Verhandlungsgeschick, Pragmatismus und die Fähigkeit auszeichnete, in alle kirchlichen Lager hinein funktionierende Netzwerke zu unterhalten, ohne sich einer der Fraktionen auszuliefern oder der Versuchung zu unterliegen, diese offen gegeneinander auszuspielen. Happich war seit zwölf Jahren Chef der schon damals größten Einrichtung der Inneren Mission in Hessen mit reicher Verwaltungserfahrung und ähnlich großem Personalbestand wie in der gesamten Landeskirche. Er galt als einer der erfahrensten Personalmanager im kirchlichen Raum Kurhessens und überragte in dieser Beziehung eigentlich alle anderen führenden Persönlichkeiten der Landeskirche. Außerdem verstand er viel von staatlicher Verwaltung und Wohlfahrtspolitik, mit der er in seiner Funktion als Anstaltsleiter täglich zu tun hatte. So kannte er die führenden Funktionäre und Politiker in Partei, Regierungs- und Oberpräsidium. Auch im diakonischen Binnenbereich besaß Happich zahlreiche Kontakte, etwa als Mitglied der Brüderhausvorsteherkonferenz, im Evangelischen Reichserziehungsverband und in anderen Zusammenschlüssen innerhalb der dem Berliner Central-Ausschuss für Innere Mission angeschlossenen Fachverbände.[19]

19 Zu Happichs Rolle innerhalb des Landesverbands Kurhessen-Waldeck der Inneren Mission s. Freudenstein 1983. Auch auf Reichsebene spielte Happich eine beachtliche Rolle, vor allem innerhalb des sog. Eugenetischen Ausschusses, später ‚Ausschuss für Rassenhygiene und Rassenpflege', den die Gesundheitsabteilung des CA ins Leben gerufen hatte und dessen erste Sitzung 1931 in Hephata stattfand. Näheres bei Kaiser 1989, 324 ff.

Mit der Einrichtung des Landeskirchenausschusses gelangte die kurhessische Kirchenpolitik wieder in ruhigeres Fahrwasser, zumal Happich mit dem Landesbruderrat der BK zumeist einvernehmlich kooperierte und Letzterer darauf verzichtete, eigene kirchenleitende Funktionen bzw. ein ‚Notregiment' in Anlehnung an den Beschluss III, 3 der Dahlemer Synode von 1934 anzustreben. Im Berliner Reichskirchenministerium galt Kurhessen deshalb als die „geordneteste und befriedeteste aller Landeskirchen", – ein Eindruck, den Happich in Briefen an Kerrl und in Unterredungen mit ihm in Berlin nach Kräften förderte. Im Ministerium hieß es bald, Kurhessen-Waldeck sei in Sachen der dort herrschenden kirchlichen Situation geradezu ein „Paradies" geworden.[20] Happich nutzte die ‚gute Presse' seines Ausschusses in Berlin auch dazu, um sich dort Rückendeckung für die Beseitigung nach wie vor kirchenfeindlicher Zustände in Kurhessen-Waldeck zu sichern. – Am Beispiel des LKAu von Kurhessen-Waldeck wird deutlich, dass die gängige Auffassung, die Ausschüsse und ihre personelle Zusammensetzung seien per Diktat des Ministers zustande gekommen, eher einer alten ‚Kirchenkampflegende' entspricht denn den Tatsachen, wie Kurt Meier hervorgehoben hat.[21]

Natürlich waren auch in dieser Landeskirche mit der Einsetzung des LKAu Konflikte vorprogrammiert, von denen drei ausgewählt und im Folgenden knapp skizziert werden sollen: Erstens ging es um die theologische Legitimität der von Staats wegen eingesetzten Ausschüsse als kirchenleitende Organe, sodann zweitens um die Gebetsliturgie im Kontext der Tschechenkrise 1938 und schließlich drittens und am Gravierendsten um den Alleingang Happichs bei der Mitunterzeichnung der sog. Godesberger Variata ein Jahr später.

Erstens – Hatte schon die Einsetzung des Reichskirchenausschusses 1935 zu heftigen Protesten des Dahlemitischen Flügels der BK auf Reichsebene geführt, weil man darin die laut der formal auch im Dritten Reich weitergeltenden Weimarer Reichsverfassung nicht erlaubte Einmischung des Staates in die inneren Angelegenheiten der Kirche sah, setzten sich diese Proteste in den einzelnen Landeskirchen bzw. preußischen Provinzialkirchen fort. Doch

20 Meier 1976/84, Bd. 2, 302.

21 A.a.O., 442, Anm. 801.

in Kurhessen-Waldeck verlief diese Auseinandersetzung wesentlich ‚friedlicher' als andernorts, wenn auch Landesbruderrat und BK aus ihrer Skepsis gegenüber diesem Weg keinen Hehl machten. Andererseits stimmten sie der Einsetzung zu, da sie darin den einzigen Weg zur Konsolidierung der Kirche sahen, die ja seit der Verfassung von 1923 darunter litt, keine geistliche Spitze mit Leitungsfunktion zu besitzen. Dieser innere Widerspruch gegenüber den LKAu bestimmte das fragile Verhältnis zwischen Happich und der BK, konnte aber durch das Verhandlungsgeschick von Sodens bis zu dessen Ausscheiden aus der Führung der BK 1940 immer wieder stabilisiert werden. – Auch für ihn waren die Ausschüsse aufgrund ihrer „Berufung und Zusammensetzung nicht fähig, das Kirchenregiment der evangelischen Kirche im vollen und eigentlichen Sinne zu führen", sondern dienten nur „als Treuhänder" für eine Übergangszeit. Sie sollten bei der Schaffung einer Ordnung mitwirken, „die der Kirche ermöglich[e], in voller Freiheit und Ruhe ihre Glaubens- und Bekenntnisfragen selbst zu regeln". Für die beiden letzten Bereiche hätten sie keine Entscheidungskompetenz. Kirchenvertretung und -leitung könnten sie nur insofern ausüben, „als sie deren zur Erfüllung ihrer begrenzten und befristeten Aufgabe [. . .] bedürf[t]en".

Von Soden betrachtete die Ausschüsse also als Notbehelf und billigte sie mit dieser Einschränkung. Deshalb war er auch strikter Gegner der Ausschusskritiker aus dem Dahlemitischen Lager. In diesem Sinne berichtete er dem kurhessischen Bruderrat kritisch von der Reichsbekenntnissynode 1936 in Bad Oeynhausen, auf der es 1936 faktisch zur Spaltung der Bekennenden Kirche gekommen war. Dieser Bericht erregte bei manchen Mitgliedern des kurhessisch-waldeckschen Landesbruderrats Unwillen: Von Soden hatte den Rücktritt der 1. Vorläufigen Kirchenleitung [VKL], die faktische Spaltung der BK und die einseitige Besetzung der 2. VKL ausschließlich mit Vertreten der Dahlemitischen Richtung heftig kritisiert und die dadurch hervorgerufene Zerstörung der bekenntniskirchlichen Einheit beklagt. Daraufhin bildete sich im April 1936 der sog. Hersfelder Kreis aus Mitgliedern der ‚linken Fraktion' der kurhessischen BK und Führung des Pfarrers Konrad Eichhöfer aus dem Kirchenkreis Eschwege. Eichhöfer kritisierte von Soden wegen seiner harmonisierenden Haltung und forderte sowohl die Nichtanerkennung des LKAu als auch die Unterstellung unter die 2. VKL, was die Spaltung der Landeskirche zur Folge gehabt hätte.

Diese implizit mit handfester Kritik am Spitzenpersonal der heimischen BK verbundenen Forderungen des Kreises um Eichhöfer dürften Hans von Soden wie auch Bernhard Heppe einigermaßen getroffen haben, – konterkarierten sie doch alles, wofür sich die beiden – und mit ihnen die Mehrheit von Bruderbund bzw. BK und LBR – bisher eingesetzt hatten. Nur der Verzicht auf eine eigene Bekenntnissynode und ein eigenes BK-Kirchenregiment hatte ja die einvernehmliche Bildung des LKAu ermöglicht, mit dem man bisher zwar nicht reibungsfrei, aber im Ganzen doch vernünftig erfolgreich kooperierte. Und stand nicht hinter den Unterstellungsforderungen unter die VKL *auch* jener kirchenpolitische Machtanspruch der Bekenntnisfront, den nicht nur DC und Neutrale kritisierten, sondern der gelegentlich auch aus den Reihen der gemäßigten BK-Gruppierungen selber kam? – Der mangelnde Rückhalt der wenigen Dahlemiten unter der kurhessischen Pfarrerschaft und die Drohung von Sodens mit der Aufgabe seines Amtes des Vorsitzenden von Landesbruderrat und BK erstickte die aufflammende Opposition gegenüber seinem Kurs jedoch rasch, zumal die von Eichhöfer zur Hilfe gerufenen Gesinnungsfreunde aus Berliner radikalen BK-Kreisen diesem ihre Unterstützung versagten.

Zweitens – Hatte von Soden im Grundsatzkonflikt zwischen Kirchenausschüssen und der ‚reinen Lehre' der BK noch vermittelnd zu Happich und dem LKAu gestanden, änderte sich das, als der Vorsitzende der 2. VKL, der Berliner Pfarrer Friedrich Müller(-Dahlem) für Freitag, den 30. September 1938 zu einem Gebetsgottesdienst aufrief, um den drohenden Krieg wegen der Tschechenkrise zu verhindern. Einen Tag zuvor verschickte der Reichsbruderrat ein liturgisches Formular und bat alle BK-Pfarrer, sich an diesem Gebetsgottesdienst für den Frieden zu beteiligen. Nicht nur dies, sondern auch der berühmte Brief Karl Barths an den Prager Theologen Josef Hromádka, in dem Barth die Tschechen zum bewaffneten Widerstand gegen die scheinbar bevorstehende deutsche Invasion und damit für die Freiheit Europas aufrief, wurde alsbald bekannt und führte zu heftigsten Attacken des *Schwarzen Korps*, der Zeitschrift der SS, auf Bekennende Kirche und

2. VKL und war damit Wasser auf die Mühlen all jener, die entweder zu den Resten der deutschchristlichen Gruppen gehörten oder zu den erklärten Feinden der Kirche unter den NS-Funktionären. Zwar war es zu den Gebetsgottesdiensten am 30. September gar nicht mehr gekommen, weil das Münchener Abkommen am Tag zuvor die Situation entspannt hatte, aber die BK-Aktion war für Partei und Politische Polizei Anlass genug, sich erneut auf die Kirche gleichsam einzuschießen. Flankierend dazu zwang Minister Kerrl die Führer der großen Landeskirchen dazu, sich von der Gebetsliturgie öffentlich in einer von ihm entworfenen Erklärung zu distanzieren, was diese auch taten. Die darüberhinausgehende Forderung, sich von der 2. VKL zu trennen, konnte er jedoch nicht durchsetzen. Diesem Schritt folgten dann die leitenden Männer der kleineren Landeskirchen, darunter auch Happich. Dass dieser hier mitunterzeichnete, lag in der Konsequenz seines Hineinwachsens in den Kreis der Kirchenführer, die als altgediente – schon vor der Machtergreifung auf legalem Wege ins Amt gelangte – Bischöfe allerdings über breiteren Rückhalt in ihren Landeskirchen verfügten als Happich. Dessen Position als Leiter des LKAu war wesentlich prekärer: Den Frieden in seiner Landeskirche konnte er nur im sorgsam austarierten Gleichgewicht der unterschiedlichen, ja gegensätzlichen Interessen wahren. Doch über diesen, ihm faktisch vorgegebenen Handlungsrahmen hatte er sich in diesem Fall hinweggesetzt und LBR und BK Kurhessen-Waldecks zunächst nicht über seine Unterschrift informiert bzw. dies später in so verharmlosender Form getan, dass kaum jemand außer von Soden und dem LBR die Brisanz dieses Schritts erkannte und dagegen protestierte.[22] Hans von Soden wandte sich daraufhin in einem langen Protestbrief zunächst an Wurm, Meiser und Marahrens,[23]

22 Vgl. den Brief von Sodens an Happich v. 19.11.1938, Hein/Dorhs 1996/2013, Bd. 2.2, Nr. 208.

23 An den badischen Landesbischof Julius Kühlewein ging der Rundbrief von Sodens nicht, da dieser nur zu den drei anderen Bischöfen ein so persönliches Vertrauensverhältnis besaß, um sich in dieser heiklen Angelegenheit an sie zu wenden. Zum Text des Briefes v. 15.11.1938 vgl. Dinkler/Dinkler-von Schubert/Wolter 1984, 279–287, und Hein/Dorhs 1996/2013, Bd. 2.2, Nr. 207. Schon am 13.11.1938 hatte das Mitglied des LBR, Pfr. Hans Zimmermann aus Kassel-Bettenhausen, an die Bischöfe geschrieben und ihnen im Namen

bevor er auch an Happich schrieb und dessen Schritt einer schneidenden Kritik unterzog. Aufgrund der Veröffentlichungen in der Presse, die – mit Nachhilfe der Zensur – unisono die Kundgebung begrüßten, habe Kerrl sein Ziel erreicht, die Gegner der DC im kirchlichen Spektrum zu spalten, schrieb von Soden. In „aller Ehrerbietung und persönlichen Hochachtung, aber mit größtem Nachdruck und voller Offenheit" müsse er dieser „schärfsten Verurteilung" des Formulars und seiner Autoren entgegentreten. Warum denn eine solche klare Abgrenzung nicht gegenüber der Attacke des ,Schwarzen Korps' erfolgt sei? Die damit erfolgte Diffamierung der gesamten Bekennenden Kirche und nicht nur der VKL sei unsäglich und schade dem gerechtfertigten Anliegen dieser Richtung außerordentlich. Auch wer bestimmte Passagen der Gebetsliturgie für problematisch halte wie er selbst, könne nicht die „Würde und Reinheit der Motive" der VKL in Frage stellen, die in ihrer übertrieben ängstlichen Sorge, ihre Position könne mit jener der DC verwechselt werden, das vaterländische Moment freilich nicht deutlich genug herausgestellt habe. Dem Vernehmen nach hätten die Bischöfe mit dem Rücktritt der 2. VKL nach Bekanntwerden der Gebetsliturgie gerechnet. Wer denn deren Nachfolge in dieser angespannten Situation antreten solle?

Eine Durchschrift dieses Briefes erhielt Happich, den von Soden am 19. November wegen seiner Unterschriftsleistung unter das revidierte Kerrl-Papier in ähnlich klaren Worten wie die Bischöfe rügte, wenn auch – wie stets – in höflich-vollendeter Form.[24] Die kurhessische BK fühle sich durch die Unterschrift Happichs nicht gebunden und behalte ihre Linie vom 7. November bei. Allerdings wolle er nach Rücksprache mit den Mitgliedern des LBR „aus kirchlicher Verantwortung" die Zusammenarbeit mit dem LKAu fortsetzen, solange dies möglich sei. Freilich müsse er – Happich – ebenfalls dazu beitragen, „den in der DEK entstandenen tiefen Riß in unserer Landeskirche sich nicht auswirken zu lassen" und sich nicht weigern, „wieder zusammenzufügen, was sich nicht hätte scheiden dürfen".

---

auch anderer Geistlicher und Gemeinden „Befremden" und Kritik wegen ihrer Nachgiebigkeit gegenüber Kerrl übermittelt. Ebd., Nr. 206.

24 Dinkler/Dinkler-von Schubert/Wolter 1984, 288–292 und Hein/Dorhs 1996/2013, Bd. 2.2, Nr. 208.

Es ist bemerkenswert, dass Hans von Soden in seinen beiden Schreiben an die Bischöfe und an Happich trotz eindeutiger Sachkritik an ihrem Verhalten gegenüber Ministerium und VKL im Ton geradezu seelsorgerlich blieb und immer wieder auch Verständnis für die schwierige Situation der Beteiligten zeigte. Und es hat nicht den Anschein, als ob das nur ‚Taktik' war. Der Verzicht von Sodens auf jede radikale Reaktion und sein Versuch, noch in der Beschreibung des Dissens darauf zu achten, Wege zu weiterer Zusammenarbeit offen zu halten, waren andererseits Indikatoren für ein Dilemma, aus dem es keinen praktikablen Ausweg zu geben schien. Gewiss berührt es sympathisch, dass er – fast wider besseres Wissen – um der Zukunft der geschichtlich gewordenen Kirche in Deutschland willen an seiner Gesprächs- und Kooperationsbereitschaft festhielt. Nicht zu übersehen ist jedoch die Schattenseite dieser Einstellung: Der LBR und die Mehrheit der BK-Mitglieder setzten – auch ohne Zugeständnisse Happichs – ihren auf Tolerierung und Mitarbeit fußenden Kurs gegenüber dem LKAu fort, – sie waren gewissermaßen auch dazu ‚verdammt', wenn sie den relativen Erfolg ihres Modells als regionales Alleinstellungsmerkmal der Landeskirche im ‚Kirchenkampf' nicht aufs Spiel setzen wollten. Ob die eindeutigeren Vorschläge der kurhessischen Dahlemiten dazu eine erfolgreiche Alternative geboten hätten, darf allerdings bezweifelt werden, zumal sie – der Quellenlage nach zu urteilen – im Streit um die Gebetsliturgie mit Gegenkonzepten nicht hervortraten.

Drittens – Ein knappes Jahr darauf ereignete sich ein Vorfall, der das Tischtuch zwischen von Soden und Happich endgültig zerschnitt und der neben den zunehmenden Problemen zum weitgehenden Rückzug des Marburger Hochschullehrers aus der Leitung von BK, Landesbruderrat und damit aus der Kirchenpolitik führte. Wieder ging es um eine Unterschrift, die Happich erneut ohne Absprache mit den divergierenden Fraktionen seiner Landeskirche geleistet hatte, um dem Reichskirchenminister entgegenzukommen:

Denn Ende 1938 verfestigte sich bei diesem und einem kleinen, heterogen zusammengesetzten Kreis von Vertretern der Mitte in

Kirchenregiment, akademischer Theologie und Verbänden der Eindruck, noch einen allerletzten Versuch wagen zu sollen, das Verhältnis von Kirche und Staat dauerhaft zu befrieden. Wenn sich die Kirche mit der Scheidung der Externa – deren Regelung dem Staat vorbehalten bleiben sollte – von den Interna, über die sie allein zu entscheiden hätte, dauerhaft abfände, würde der Staat ihre Existenz akzeptieren und unterstützen, mindestens aber in Frieden lassen. Dahinter stand die illusionäre Vorstellung, nur eine Art neuen Staatskirchentums, das nach 1918 aus guten Gründen abgeschafft worden war, könne das kritische Verhältnis der Kirche zum NS-Staat entspannen. Gemeinsam berührende Fragen, die Kerrl ‚res mixtae' nannte, sollten auch gemeinsam gelöst werden. Schriftlichen Ausdruck fand diese Konzeption in der sog. Godesberger Erklärung und ihren sechs Punkten vom 26. März 1939. Sie wurde allerdings nur von DC-Gruppierungen und Neutralen unterzeichnet, während sich die BK dazu nicht bereitfand. Damit gab sich Kerrl nicht zufrieden, weil er davon ausging, dass nur ein möglichst breiter kirchlicher Zusammenschluss unter Einbeziehung der BK Staat und Partei in der vom Minister erhofften Auffassung überzeugen würden, dass die protestantische Kirchenfrage nun endgültig gelöst sei. Als sich die unterschiedlichen BK-Flügel weiterhin weigerten, die Erklärung mitzutragen, legte Kerrl am 26. Mai 1939 eine neue, sogar noch verschärfte Fassung vor, die sog. Grundsätze, die wir heute ‚Godesberger Variata' nennen. Der Minister hatte sie zusammen mit einem akademischen Ghostwriter-Kollegium formuliert, zu dem u.a. OKR Theodor Ellwein/Berlin, Prof. Helmuth Kittel/Münster, dem Ephorus des Wittenberger Predigerseminars und – wie erst seit kurzem bekannt – auch Oberkonsistorialrat Heinz Brunotte/Berlin zählten, wobei Letzterer gemeinhin zur BK gerechnet wird. – Die ‚Grundsätze' ließen nun wirklich keinen Zweifel mehr, dass hier primär ein völkisches Religionsprogramm proklamiert wurde, über das unter Christen eigentlich keine Diskussion mehr möglich war.[25] Zitiert sei hier nur der Punkt drei zur ‚Judenfrage', der folgendermaßen lautet:

25 Vgl. die Diss. Gundlach 2010.

„Die nationalsozialistische Weltanschauung bekämpft mit aller Unerbittlichkeit den politischen und geistigen Einfluß der jüdischen Rasse auf unser völkisches Leben. – Im Gehorsam gegen die göttliche Schöpfungsordnung bejaht die evangelische Kirche die Verantwortung für die Reinerhaltung unseres Volkstums. Darüber hinaus gibt es im Bereich des Glaubens keinen schärferen Gegensatz als den zwischen der Botschaft Jesu Christi und der jüdischen Religion der Gesetzlichkeit und der politischen Messiashoffnung."

Das war selbst jenen Mitgliedern der Kirchenführerkonferenz zu viel, die zuvor die Urfassung von Godesberg gebilligt hatten. Kerrl gelang es dennoch, vier von ihnen für eine Unterschrift unter sein Pamphlet zu gewinnen: Das waren der hannoversche Landesbischof August Marahrens, sein Braunschweiger Kollege Helmuth Johnsen sowie der reformierte Landessuperintendent von Aurich, Walter Hollweg, und eben Friedrich Happich, die dieses Dokument kirchlicher Selbstverleugnung unterzeichneten.

Die Diskussion um Godesberg erreichte bald auch Kurhessen-Waldeck. Noch ohne zu wissen, dass Happich später die verschärfte Fassung der Grundsätze unterzeichnen würde, bat der Landesbruderrat von Soden um ein Gutachten zur Godesberger Urfassung, das dieser mit Konzentration auf dessen theologische Implikationen alsbald vorlegte.[26] Sein Urteil fiel scharf aus: Die Erklärung biete keinerlei Grundlagen für eine Beilegung des Kirchenstreites und gehe an der Grundfrage der Auseinandersetzung nach der Gültigkeit der Hl. Schrift und der Bekenntnisse der Reformation völlig vorbei; der Name Christi werde nicht einmal genannt. – Und hinsichtlich der Passagen über die Judenfrage sei die Feststellung eines ‚unüberbrückbaren Gegensatzes' zwischen Juden und Christen schlicht falsch. Als sich dann herausstellte, dass Happich unter den vier Kirchenführern gewesen war, welche die Grundsätze unterzeichnet hatten, war für von Soden das Maß voll. Resignierend erklärte er, die Entscheidung von Happich zu respektieren, die er jedoch weder teilen noch stützen könne. Damit gebe es keine Basis mehr für seine beratende Mitwirkung in den Leitungsgremien der Landeskirche, denen er fortan fernbleiben müsse.

26 Undatierter Text bei Slenczka 1977, 211 ff.

Der Einfluss von Sodens auf den Kurs der kurhessisch-waldeckschen Kirche während der Kriegsjahre ging kontinuierlich zurück, auch wenn er hier und da durch persönliche Gespräche vor allem mit seinem Freund Rudolf Bultmann, den er immer wieder gegen die theologischen Gegner von dessen Entmythologisierungsprogramm auch aus den Reihen der BK verteidigen musste.[27] Hinzu kam, dass enge Mitarbeiter wie der Geschäftsführer von BK und Landesbruderrat, Pfr. Bernhard Heppe, bald eingezogen wurden und trotz zeitweise heimatnaher Verwendung immer seltener zur Verfügung standen. Seine Überlegung zum Verfassungsneubau der Landeskirche werden ein Thema des Beitrags von Michael Stahl bilden und können in unserem Zusammenhang deshalb ohne Berücksichtigung bleiben.[28]

Es ist deutlich geworden, welche dominierende Rolle Hans von Soden gerade in den Jahren der NS-Herrschaft in Kurhessen-Waldeck gespielt hat. Theologisch und eigentlich auch politisch immer eindeutig, wenn auch aus heutiger Sicht gelegentlich durch die Perspektive seiner Zeitgenossenschaft eingeengt, nahm er sich anders als zahlreiche seiner Kollegen immer wieder das Recht, öffentlich und im dienstlichen Umfeld Kritik an der Kirchen- und Hochschulpolitik des Dritten Reiches zu üben. Dazu blieb er menschlich stets verbindlich und in seiner Kritik immer maßvoll, ohne den jeweiligen Gegner persönlich zu verletzen. Gewiss, man kann – wie manche Nachgeborene es getan haben – dies als Befangenheit durch die unheilvollen Traditionen eines letztlich dennoch obrigkeitshörigen, deutschnationalen Milieus deuten, was mir persönlich jedoch kein Grund zu sein scheint, Hans von Soden in dieser geistigen Landschaft zu verorten. Jedenfalls wäre unsere Landeskirche ohne sein Wirken ärmer gewesen. Und dass dieses keineswegs in seinen Verfassungsplänen für die heutige EKKW aufgeht, ist hoffentlich deutlich geworden.

27 Vgl. dazu den Abschnitt „Die ‚causa Bultmann'" in: Kaiser 2012, 355 ff.

28 Vgl. nochmals Anm. 10.

Der Einfluss Hans von Sodens auf den Neubeginn der Evangelischen Landeskirche von Kurhessen-Waldeck in der Ära Bischof Adolf Wüstemanns (1945–1963)

von Michael Stahl

Einführung

Hans Freiherr von Soden starb am 02. Oktober 1945 in Marburg;[1] sein Einfluss auf den Neubeginn der Evangelischen Landeskirche von Kurhessen-Waldeck [ELKW] in der Ära Bischof Adolf Wüstemanns kann daher nur ein mittelbarer sein. Dennoch war er beachtlich. Er gestaltete sich über das „Kirchengesetz betreffend die Leitung und Verwaltung der Evangelischen Landeskirche von Kurhessen-Waldeck", im Folgenden als Leitungsgesetz [LG] bezeichnet,[2] sowie über Bischof Wüstemann selbst, der sich als Schüler von Sodens als dessen Nachlassverwalter im Hinblick auf dessen kirchenjuristisches Werk verstand.

Zur Beschreibung des Einflusses von Sodens soll wie folgt vorgegangen werden: In einem ersten Schritt sollen Entstehung, Inhalt sowie die Interpretation des Leitungsgesetzes durch von Soden selbst vorgestellt werden. Daran schließt sich eine Beschreibung des Verhältnisses von Wüstemanns zu von Soden an, soweit aus den Quellen rekonstruierbar, und eine Skizze der sich daraus ergebenden Konsequenzen für Wüstemanns Amtsführung. Schließlich ist auf die Problematisierung des Vermächtnisses von Sodens in der Landeskirche seit Ende der 1950er Jahre hinzuweisen, die in einen neuen, verfassungsgebenden Prozess mündete, an deren Ende die Grundordnung von 1967 stand.

1 Vgl. Wesseling 1995a.

2 Das „Leitungsgesetz" in seiner von der Notsynode 1945 verabschiedeten Form findet sich im Kirchlichen Amtsblatt der ELKW 1945, 13–16.

1. Das Leitungsgesetz als von Sodens Vermächtnis für die ELKW

Das Leitungsgesetz wurde von der Notsynode der ELKW, die vom 25.–28. September 1945 in Treysa tagte, als neue Leitungs- und Verwaltungsordnung der Landeskirche verabschiedet. Es sollte dem Leitungsnotstand Abhilfe schaffen, der sich darin zeigte, dass nach dem Zusammenbruch der nationalsozialistischen Herrschaft neben dem Landeskirchenamt mit dem Landeskirchenausschuss ein Organ die Führung der ELKW in Händen hatte, das durch die NS-Regierung eingesetzt worden war. Demgegenüber sollte die Notsynode eine rechtmäßige, allein kirchlich legitimierte Leitung und Verwaltung einsetzen und begründen, ohne an die Verhältnisse der Weimarer Republik anzuknüpfen. Einer solchen Anknüpfung stand eine negative Einschätzung der einstigen Leitungsstruktur im Weg, die im Zuge der gemeinsamen sogenannten ‚Kirchenkampferfahrungen' von so gut wie allen Protagonisten der Neuordnung geteilt wurde. Insofern beruhten die Entstehung, der Inhalt und die Interpretation des Leitungsgesetzes auf einem breiten Konsens, der von Hans von Soden wesentlich geprägt und von ihm zu Papier gebracht worden war.

Bereits 1937 hatte von Soden eine erste Fassung des späteren Leitungsgesetzes erarbeitet: die „Verordnung des Landeskirchenausschusses betreffend die Leitung und Verwaltung der Evangelischen Landeskirche von Kurhessen-Waldeck".[3] Die Initiative dazu ging vom Landeskirchenausschuss aus, um die ELKW zu rüsten für die Zeit nach seiner Amtszeit, die laut gesetzlicher Befristung eigentlich zum 30.09.1937 hatte enden sollen.[4] Ein Führererlass vom 15.02.1937, der die Ablösung der Landeskirchenausschüsse durch gewählte kirchenleitende Organe in Aussicht gestellt hatte, kam nicht zum Tragen, führte jedoch, da er eine erneute Polarisierung der rivalisierenden Kirchenparteien auslöste, zum Zusammenbruch der Landeskirchenausschüsse mit Ausnahme des Ausschusses in Kurhessen-Waldeck.[5] Dieser blieb provisorisch im Amt, da er von der „Bekennenden Kirche in Kurhessen-Waldeck"

3 Vgl. Slenczka 1977, 233–237.
4 Vgl. Meier 1976/84, Bd. 2, 82.
5 Vgl. a.a.O., 148–155.

gestützt und von den „Deutschen Christen" nicht gefährdet wurde und gerade in dieser Gemengelage dem NS-Staat Ruhe an der kirchlichen Front in Kurhessen-Waldeck garantierte. Die in seinem Auftrag erarbeiteten Neuordnungspläne verschwanden in der Schublade.[6]

1945 wurde auf sie zurückgegriffen. Dies geschah insofern zwingend, als die Neuordnung der Landeskirche mit dem Landeskirchenausschuss und der „Bekennenden Kirche von Kurhessen-Waldeck" von denselben Kräften verantwortet wurde, die schon 1937 an einer neuen Verfassungsstruktur gearbeitet hatten. Ihr Kurs wurde von der Superintendentenkonferenz der Landeskirche ebenso unterstützt wie von den zur Neuordnung hinzugezogenen Vertretern des Pfarrervereins, der Theologischen Fakultät Marburg und des Landeskirchenamtes. Diese Kräfte bildeten mit dem Bruderrat der „Bekennenden Kirche" den sog. Beirat des Landeskirchenausschusses, ohne dessen Zustimmung der Ausschuss seit Juni 1945 auf eigenen Beschluss hin nicht mehr agierte. Der zentrale Entscheid beider Gremien, des Landeskirchenausschusses und seines Beirates, war der am 27. Juni 1945 in Hephata gefasste Beschluss, eine Notsynode aus berufenen Synodalen einzuberufen, die die Weichen für den Neubeginn der Landeskirche stellen sollte.[7]

Von Soden gehörte dem „Beirat" aufgrund seiner angegriffenen Gesundheit nicht an, korrespondierte aber persönlich und postalisch von zuhause aus insbesondere mit den Vertretern des Bruderrates sowie mit jenem Arbeitsausschuss, der während der Superintendentenkonferenz am 10. und 11. Juli 1945 beauftragt wurde, die einstige „Verordnung des Landeskirchenausschusses betreffend die Leitung und Verwaltung" zu einem Kirchengesetz zur Vorlage für die Notsynode zu überarbeiten. Dem Ausschuss gehörten mit Wilhelm Lütkemann der Präsident des Landeskirchenamtes, mit Hermann Wepler der Vorsitzende des Pfarrervereins Kurhessen-Waldeck, mit Gottfried Schmidmann der Vorsitzende

6 Vgl. Hein 2009c, 72.

7 Vgl. Protokoll zur Sitzung des Landeskirchenausschusses und seines Beirates v. 27.06.1945, in: Landeskirch-liches Archiv Kassel, Landeskirchenausschuss Präses Happich, Nr. 1.

der Superintendentenkonferenz, mit Karl Lotz der Bruderratsvorsitzende und mit Heinrich Frick der amtierende Dekan der Theologischen Fakultät Marburg an.[8] Dieser Arbeitsausschuss nahm an der Verordnung von 1937 keine substanziellen Veränderungen vor, so dass der von ihm erarbeitete Gesetzentwurf den Geist der Auseinandersetzungen der Kirche mit dem Nationalsozialismus atmete. In deren Verlauf hatte sich von Soden durch die Aufstellung einer starken geistlichen Leitung ein wehrhaftes Gegenüber zur staatlichen Obrigkeit erhofft. Demzufolge bildete die Einführung des Bischofsamtes, das an der Spitze der Leitung und Verwaltung der Landeskirche stehen sollte, das Herzstück des Entwurfs. Einzig die Landessynode sollte dem Bischof nominell übergeordnet sein und zu seinem Amt in Spannung stehen. Am Nachmittag des ersten Sitzungstages der Notsynode wurde ihr der Entwurf zum Leitungsgesetz vorgelegt. Seine Einbringung geschah durch den Marburger Superintendenten Gottfried Schmidmann, da von Soden an der Synode aufgrund seiner schweren Erkrankung nicht teilnehmen konnte. Allerdings war seine Autorität im Sitzungssaal gegenwärtig, als Schmidmann zur Erläuterung des Gesetzes eine Denkschrift von Sodens verlas. Sie stellt die authentische Auslegung des Leitungsgesetzes dar.[9]

8 Vgl. Frick an Happich v. 11.08.1945, in: Landeskirchliches Archiv Kassel, Landeskirchenausschuss Präses Happich, Nr. 3. Leider ist der beigefügte Entwurf des „Leitungsgesetzes" vom Anschreiben getrennt worden, so dass nicht zu rekonstruieren ist, welche Fassung den Ausschuss letztlich verließ. Handschriftliche Notizen Friedrich Happichs an einer Entwurffassung in seinen Akten sprechen dafür, dass der Entwurf nochmals von ihm überarbeitet wurde. Seine Korrekturen zielten auf die Vorordnung des Bischofs vor den Vizepräsidenten in der Leitung des Landeskirchenamtes, wie sie das verabschiedete Gesetz in § 5 Abs. 3 vorsah. Vgl. Entwurf eines Kirchengesetzes betreffend die Leitung und Verwaltung der Evangelischen Landeskirche von Kurhessen-Waldeck, einschließlich handschriftlicher Korrekturen Happichs, in: Landeskirchliches Archiv Kassel, Sammlung Kirchenkampf, Nr. 29. Andererseits unterschied sich die dem Protokoll der Notsynode beigeheftete Beschlussvorlage von dem Entwurf in Happichs Akten einschließlich seiner Notizen. Vgl. Protokoll der Notsynode 1945 (1. Exemplar), Anlage 1, in: Landeskirchliches Archiv Kassel. Es muss daher ein mehrschichtiger Redaktionsprozess angenommen werden. Dieser wird durch Lütkemanns Einführungsvortrag zum „Leitungsgesetz" bestätigt. Vgl. Protokoll der Notsynode (1. Exemplar), 23, in: Landeskirchliches Archiv Kassel.

9 Vgl. Soden (Hans von) 1957/58.

Zunächst bestätigte von Soden mit der Denkschrift dem Landeskirchenausschuss die Befugnis, als Treuhänder die Landeskirche zu einer neuen Leitung und Verwaltung führen zu dürfen. Leitung und Verwaltung sollten nach dem vorliegenden Entwurf gestaltet werden. Dabei stellte sich die Frage, warum man anstelle einer Überarbeitung nicht die Ordnung der Kirchenverfassung von 1923/24 [KV 1923/24] wiederherstellen wollte, um auf ihrer Grundlage die in ihr gegründeten Leitungsorgane neu zu besetzen.[10] Von Soden erteilte solchen Überlegungen eine Absage: Die Verfassung sei bereits 1934 änderungsbedürftig gewesen, was die Jahre des Kirchenkampfes bestätigt hätten. Dabei hatte von Soden den zwischenzeitlichen Einbruch der „Deutschen Christen" in die Leitung der Landeskirche vor Augen, die 1934 über den Landeskirchentag gelang – zu einem Zeitpunkt, als ein geistliches Leitungsamt an der Spitze der ELKW nicht existent war.[11] Von Soden beharrte darauf, dass der Notstand, der die Kirche bestimme, „eine seiner tieferen Wurzeln gerade in den unzulänglich gewordenen Bestimmungen" der Kirchenverfassung von 1923/24 habe.[12] Zum Beleg dieser These stellte von Soden die Unterschiede zwischen dem Leitungsgesetz und der Kirchenverfassung von 1923/24 heraus, wobei er von der Verfassung kaum Gutes zu berichten wusste. Er warf ihr vor, dem Landeskirchenamt ein Übergewicht in der Kirchenleitung eingeräumt zu haben, während der Landesoberpfarrer, einst das höchste geistliche Amt der Landeskirche, in dessen Person „die Einheit der Landeskirche ihren sichtbaren Ausdruck" finden sollte (vgl. § 96 Abs. 1 KV 1923/ 24), durch seine kollegiale Einbindung in die Kirchenregierung geschwächt worden sei. Indem der einstigen Kirchenregierung, deren Entscheidungen nach dem Mehrheitsprinzip zu fällen waren, neben den drei Landespfarrern auch der Vorstand des Landeskirchentages, zwei weitere weltliche Mitglieder desselben sowie der Präsident und ein weiteres nicht-ordiniertes Mitglied des Landeskirchenamtes angehört hatten (vgl. § 99–101 KV

10 Die „Verfassung der evangelischen Landeskirche in Hessen-Kassel" findet sich in: Kirchliches Amtsblatt. Gesetz- und Verordnungsblatt der evangelischen Landeskirche in Hessen-Cassel 1924, 59–74.

11 Vgl. Kaiser 2012, 263–269.

12 Vgl. Soden (Hans von) 1957/58, 184.

1923/24), blieb in der Verfassung die Frage offen, „wer in der Landeskirche eigentlich die verantwortliche Führung [innehabe]". In der Folge räumte die Verfassung dem Landeskirchenamt eine derartige Fülle an Befugnissen ein, „dass ein sachkundiger, fleißiger und energischer Präsident des Landeskirchenamtes tatsächlich die Führung der Kirche" dominiere, womit „von geistlicher Leitung der Kirche nach diesen Bestimmungen der Verfassung ... nicht die Rede sein" könne. Dieser Missstand müsse durch das Leitungsgesetz korrigiert werden, da sich die Landeskirchenämter als nicht fähig erwiesen hätten, die Selbst- und Eigenständigkeit der Kirche gegenüber dem Staat zu sichern.[13]

Von Soden brachte damit eine Verwaltungsskepsis zum Ausdruck, die in der Notsynode auf breite Zustimmung stieß. Sie war für die kirchlichen Verfassungsdiskussionen der Nachkriegszeit nicht unüblich und fand sich u.a. in der späteren Kirchenordnung der EKHN nochmals verstärkt wieder.[14] Dagegen war bemerkenswert, dass es von Soden im Aufbau der „neuen, rein kirchlich bestellten und bestimmten Leitung"[15] im Wesentlichen um eine von ordinierten Amtsträgern bestellte Leitung ging. Die geistliche Leitung der Kirche konnte seiner Einschätzung nach nur in den Händen von Geistlichen liegen, weshalb das ordinierte Amt in seiner episkopalen Zuspitzung seiner Konzeption nach gestärkt werden musste. So wies sein Entwurf „dem Landesbischof *alle* Zuständigkeiten der Leitung zu und beschränkt ihn weder durch Bürokratie noch durch Kollegialismus. Er macht ihn wirklich zur sichtbaren Darstellung der Einheit, Eigenart und Lebendigkeit der Kirche. Alle anderen an der Leitung der Kirche beteiligten Männer – Geistliche, Juristen, Laien – sind seine Mitarbeiter." Gebunden sei der Bischof nur durch die Landessynode und deren Vertreter im Rat, „aber auch durch sie nicht in seiner ständigen Amtsführung und seinem positiven Wirken – er ist nicht an vorgängige Genehmigungen gebunden –, sondern nur in ernsten Konfliktfällen, in denen Gewissen gegen Gewissen stehen könnte."[16] Seien diese Konflikte nicht zu lösen, müsse der Landesbischof zurücktreten, womit

13 Vgl. a.a.O. 184–186, Zitate 185, 186.
14 Vgl. Wähler 1963, 267–270.
15 Vgl. Soden (Hans von) 1957/58, 183.
16 Vgl. a.a.O., 186 f.

einer „etwa jemals drohenden Bischofstyrannei" ausreichend gewehrt sei.[17] Die Synode bleibe das höchste kirchenleitende Organ (vgl. § 18 Abs. 1 LG 1945), allerdings nur als letztes Korrekturorgan gegenüber einer unrechten Bischofsherrschaft. Im Übrigen solle sie die „Leitung und Verwaltung der Landeskirche den dazu bestellten Organen überlassen [...] Ihre Sache sind die allgemeinen und grundsätzlichen Fragen und die Ausprägung eines kirchlichen Gesamtbewusstseins und Gesamtwillens."[18]

Von Sodens Konzeption blieb nicht ohne Widerspruch. So legte Pfarrer Wilhelm Wibbeling als Vertreter der Hanauer Union mit seinem „Notgesetz" einen Gegenentwurf vor, der eine Erneuerung der kirchlichen Organe auf Basis der Kirchenverfassung von 1923/24 anstrebte und die Einführung eines Bischofsamtes, noch dazu eines derart starken mit dem Argument zu verhindern suchte, dass es dem konfessionellen Charakter der Landeskirche nicht entspräche.[19] Doch Wibbeling konnte sich ebenso wenig gegen von Soden durchsetzen wie der Präsident des Landeskirchenamtes Wilhelm Lütkemann, der die Stellung seines eigenen Amtes zu stärken gedachte und dazu argumentierte, dem Entwurf sei anzuspüren, dass er aus einer Zeit stamme, in der eine Neuordnung der Kirche nicht anders als nach dem Führerprinzip zu denken war.[20] Jener Einwand blieb unbeachtet, sollte aber in den 1960er Jahren noch einmal von Bedeutung sein.

Zunächst verabschiedete die Notsynode das Leitungsgesetz gegen die Stimmen Wibbelings und des Hanauer Pfarrers Karl Scheig.[21] Und auch die 1. Ordentliche Synode der Landeskirche, die vom 2.–5. Dezember 1947 tagte und das Leitungsgesetz aus einer Übergangs- in eine Verfassungsordnung überführte, nahm keine wesentlichen Veränderungen an der Leitungs- und Verwaltungsstruktur des Leitungsgesetzes vor. Zwar wurde die Position

17 Vgl. a.a.O., 187 (Sperrdruck im Zitat).

18 Vgl. a.a.O., 189.

19 Vgl. Protokoll der Notsynode (1. Exemplar), 27–29, in: Landeskirchliches Archiv Kassel; dazu Notgesetz Wibbeling, in: Landeskirchliches Archiv Kassel, Landeskirchenausschuss Präses Happich, Nr. 3, abgedruckt bei Hein 2009a, 206 f.

20 Vgl. Protokoll der Notsynode (1. Exemplar), 19–23, in: Landeskirchliches Archiv Kassel.

21 Vgl. a.a.O., 69–75.

der Synode nominell gestärkt und der Rat der Landeskirche, nach von Soden lediglich ein Beratungsorgan des Bischofs, im Sinne einer Kirchenregierung durch mehr Vertreter der Synode erweitert, doch blieb die starke Position des Bischofs und sein polares Gegenüber zur Synode erhalten.[22] Allerdings traf sich dabei auch 1947 von Sodens Konzeption, die zu Beginn der Synode als tiefe Verpflichtung aus der Zeit des Kirchenkampfes ins Gedächtnis gerufen wurde,[23] mit den kirchenleitenden Vorstellungen der Mehrheit der Synodalen, denen es eben nicht darum ging, die Leitungsstruktur der Landeskirche möglichst demokratisch zu gestalten, sondern die im Wesentlichen eine jederzeit handlungsfähige Kirchenleitung wollten – und diese mit Blick auf die unmittelbaren Nachkriegsjahre durch das Leitungsgesetz auch bekamen. Insbesondere im Gegenüber zu staatlichen Stellen hatte die Konzentration der Kompetenzen im Bischofsamt Vorteile, indem sich die Behörden und Ministerien auf das Wort Wüstemanns als Position der Landeskirche verlassen konnten.[24] Der entstehenden Partnerschaft zwischen Landeskirche und Landesregierung war dies zuträglich. Andererseits machte die Synode mit ihrer Entscheidung für das Leitungskonzept von Sodens die Landeskirche von der Person des Bischofs in hohem Maße abhängig. Der Amtsführung Wüstemanns kommt daher in der Betrachtung der landeskirchlichen Nachkriegsgeschichte grundsätzlich und so auch im Hinblick auf ihre Prägung durch von Soden eine hohe Bedeutung zu – noch einmal vor allem deshalb, weil sich Wüstemann als Garant des von Soden'schen Erbes verstand.

22 Vgl. Protokoll der 1. Ordentlichen Landessynode der ELKW v. 02.–05.12.1947, v.a. 92–97, in: Landeskirchliches Archiv Kassel; dazu Hein 1994, 13.

23 Vgl. Protokoll der 1. Ordentlichen Landessynode der ELKW v. 02.–05.12.1947, 54–66, in: Landeskirchliches Archiv Kassel.

24 Vgl. Stahl 2013, Kap. 7: „Kirche, Staat, Finanzen".

2. Bischof Wüstemann und das kirchenjuristische Erbe von Sodens

Adolf Wüstemann wurde am 30.12.1901 in Kassel als Sohn des Postsekretärs Karl Wüstemann und dessen Ehefrau Luise geb. Fackinger, als eines von neun Kindern geboren.[25] Er wuchs in Kassel-Wehlheiden auf, gehörte durch sein Elternhaus jedoch der lutherischen Gemeinde der Friedenskirche in Kassel-West an.[26] 1921 machte er das Abitur am Realgymnasium I in der Kölnischen Straße in Kassel-West. Anschließend absolvierte er eine Lehre bei der Dresdner Bank in Kassel, wo er bis 1926 angestellt war. 1926 begann er, vermittelt durch Hermann Schafft, einem der führenden Männer der Kasseler Jugendbewegung, und unterstützt durch die „Studienstiftung des Deutschen Volkes", das Studium der Ev. Theologie in Bethel (WS 1926/27–WS 1927/28), Berlin (WS 1929/30) und Marburg (SS 1928–SS 1929; SS 1930–WS 1931/32).[27] Aus den Marburger Studienjahren resultierte seine Beziehung zu von Soden. Von Soden war einer von Wüstemanns Professoren und vermutlich sein Vertrauensdozent im Rahmen seiner Förderung durch die „Studienstiftung des Deutschen Volkes".[28]

Mit seinem Schlusswort auf der Notsynode bezeichnete Wüstemann von Soden als „meinen hochverehrten Lehrer und väterlichen Freund".[29] Jene Schülerschaft Wüstemanns, die über das übliche Verhältnis von Studenten und Professoren und auch über das Studium selbst hinausging, wird unter anderen bestätigt durch einen Brief von Katharina Staritz kurz nach von Sodens Tod, in dem sie Wüstemann zu dessen Schülerkreis zählte und sich darin mit Wüstemann verbunden wusste.[30] Zudem sind Zeugnisse eines direkten Briefverkehrs zwischen Wüstemann und von Soden – wenn

25 Vgl epd/Landesdienst Hessen Nr. 96 v. 27.12.1962.

26 Vgl. Nachruf Heldmann, in: Gemeindebrief Kassel-Wehlheiden v. Februar 1966, in: Kirchengemeindearchiv Kassel-Wehlheiden.

27 Vgl. epd/Landesdienst Hessen Nr. 96 v. 27.12.1962; dazu Personalnachweis Wüstemann, in: Landeskirchliches Archiv Kassel, LKA PA, Nr. 2546.

28 Vgl. Kunze 2001, 171.

29 Vgl. Protokoll der Notsynode (1. Exemplar), 149 f., in: Landeskirchliches Archiv Kassel.

30 Vgl. Staritz an Wüstemann v. 19.11.1945, in: Landeskirchliches Archiv Kassel, Sammlung Kirchenkampf, Nr. 178.

auch nur sehr wenige – erhalten. Aus ihnen sticht ein von Wüstemann zitierter Brief von Sodens an ihn hervor, in dem von Soden Wüstemann zu seiner Bischofswahl gratuliert und ihn in seinen Aufgaben insofern ermutigt, als beide die Fragen und Aufgaben des Amtes bereits im Vorfeld der Synode miteinander besprochen hätten. Zudem wird Wüstemann eingeladen, von Soden an seinem Krankenbett zu besuchen.[31] Der Brief macht deutlich, dass von Soden die Kandidatur Wüstemanns gewünscht, wahrscheinlich sogar mitvorbereitet hatte. Immerhin war Wüstemann der offizielle Kandidat der „Bekennenden Kirche in Kurhessen-Waldeck" gewesen. Der Brief beschreibt darüber hinaus aber auch so etwas wie eine direkte Bevollmächtigung Wüstemanns durch von Soden, eine Art private Bischofsordination, eine Einsetzung Wüstemanns als Verwalter des durch von Soden konzipierten Bischofsamtes.

Dass Wüstemann sich so verstand, zeigen verstärkt Aussagen am Ende seiner Dienstzeit, als sein Amt und die damit verbundene Leitungsstruktur vermehrter Kritik ausgesetzt und daher verstärkt zu verteidigen waren. Auch jenen Brief von Sodens machte Wüstemann in diesem Zusammenhang 1962 öffentlich. Für Wüstemann stellte die 1945 gefundene Leitungsordnung der ELKW, die Argumentation aus von Sodens Denkschrift aufnehmend, eine notwendige Errungenschaft des Kirchenkampfes dar.[32] Hinzu trat ein systematisch-theologischer Argumentationskreis. Wüstemann hielt die Gegenüberstellung von Amt und Gemeinde bzw. von Bischof und Synode, die ein Strukturprinzip des Leitungsgesetzes von Sodens bildete, für ein dem reformatorischen Bekenntnis entsprechendes, unumstößliches Axiom einer evangelischen Kirchenordnung, indem er das in Confessio Augustana [CA] V angeführte „Predigtamt" mit dem ordinierten Amt identifizierte und dasselbe als von Gott im Gegenüber zur hörenden Gemeinde gestiftet verstand. Die ebenfalls in der Landeskirche und insbesondere im Rat der Landeskirche vertretene Gegenposition verstand

31 Vgl. Rundbrief des Bischofs an die Synodalen, Dekane und Pfarrer der ELKW v. 22.10.1962, in: Landeskirchliches Archiv Kassel, Liturgische Kammer, Nr. 76.

32 Vgl. Verhandlungen der außerordentlichen Tagung der 3. Landessynode der ELKW von Montag, dem 30. Mai bis Donnerstag, den 2. Juni 1960 zu Treysa-Hephata, Kassel 1960, 111 f.

das „Predigtamt" aus CA V dagegen als der Gemeinde eingestiftete Verkündigungsfunktion, die von ihr auf von ihr ausgewählte Funktionsträger übertragen wurde. Der aus den unterschiedlichen Positionen resultierende theologische Disput wurde offenkundig, als die Liturgische Kammer 1960 dem Rat der Landeskirche eine Vorlage für eine neue Ordinationsagende unterbreitete und damit die Verfassungsdebatte um eine theologische Grundsatzdiskussion über das Verhältnis von Amt und Gemeinde unterfütterte.[33] Sie führte in der von der Synode verabschiedeten Ordinationsagende zu Kompromissformulierungen, die für die Vertreter beider Positionen wenig befriedigend waren.[34] Vor allem aber zeigte auch diese Diskussion den Synodalen sehr deutlich, dass Wüstemann nicht bereit war, die Leitungsstruktur der ELKW grundsätzlich zu reformieren, obgleich der Unmut über die Missstände dieser Struktur seit Ende der 1950er Jahre unüberhörbar war. So mussten vor und mit einer Verfassungsreform zwei Vorgänge einhergehen: Zum Einen die Ablösung Wüstemanns als Bischof der Landeskirche und zum Zweiten eine Emanzipation gegenüber dem kirchenjuristischen Vermächtnis von Sodens bzw. ganz konkret gegenüber dem Vermächtnischarakter, den das Leitungsgesetz angenommen hatte.

3. Die Problematisierung des Erbes von Sodens seit Ende der 1950er Jahre

Das Leitungsgesetz hatte eine „polare Spannung" zwischen Bischof und Synode etabliert,[35] dem Bischof eine Überfülle an kirchenleitenden und kirchenverwaltenden Kompetenzen zugewiesen, die Synode aber zum „oberste[n] Träger der landeskirchlichen

33 Vgl. Alfred Niebergall, Praktischer Theologe an der Marburger Fakultät, an Landeskirchenamt Kassel v. 13.08.1960, in: Landeskirchliches Archiv Kassel, SB Wüstemann, Nr. 257; dazu Protokoll der 50. Sitzung des Rates der Landeskirche v. 30.11.–01.12.1960, in: Landeskirchliches Archiv Kassel, SB Wüstemann, Nr. 330.

34 Vgl. Verhandlungen der 2. außerordentlichen Tagung der 3. Landessynode der ELKW vom 26. bis 28. Februar 1962 zu Treysa-Hephata, Kassel 1962, 15–41, 72–110.

35 Vgl. Hein 1994, 13.

Gewalt" erklärt (vgl. §1 Abs. 1 LG). Jene Funktion allerdings konnte die Synode, die sich nach den Intentionen von Sodens mit den „allgemeinen und grundsätzlichen Fragen" und der „Ausprägung eines kirchlichen Gesamtbewusstseins und Gesamtwillens"[36] beschäftigen und begnügen und ansonsten als letztes Kontrollorgan der bischöflichen Kirchenleitung agieren sollte, nicht erfüllen. Dazu standen ihr eben jene Aufgabenbeschreibung und ihr regelmäßiger Tagungsturnus von zwei Jahren im Weg. Zur Durchsetzung ihrer Kompetenzen und Interessen kam dem weithin aus der Synode gespeisten, aber nur zum Teil von der Synode gewählten Rat eine zentrale Bedeutung zu. Zwar sollte dieser nach von Sodens Konzeption lediglich als Beratungsorgan des Bischofs agieren, doch stellte er in der Praxis seines Wirkens eine mit gesetzgeberischen Kompetenzen und dem Etatrecht der Landeskirche versehene Kirchenregierung dar. Seine Stellung zwischen Synode und Bischof war dabei spätestens mit der von der Synode 1947 beschlossenen Veränderung seiner Zusammensetzung uneindeutig geworden. Denn trotz des Bemühens, durch die veränderte, stärker durch die Synode geprägte Zusammensetzung den Einfluss der Synode in der Kirchenleitung auszubauen, blieb der Rat der Landeskirche für zahlreiche der nicht in ihm vertretenen Synodalen ein dem episkopalen Element der Kirchenleitung zugeordnetes Organ – dies umso mehr, als der Rat seine Gesetzgebungskompetenz nutzte und die Synode gelegentlich vor vollendete Tatsachen stellte, d.h. sie über Kirchengesetze abstimmen ließ, die der Rat bereits vorläufig in Geltung gesetzt hatte. Allerdings wurde, wie bereits erwähnt, die Schwäche der Synode in den Anfangsjahren der Neuordnung zum Teil hingenommen, zum Teil befürwortet.

Dies änderte sich mit dem Zusammentreten der dritten gewählten Landessynode 1959 unter Leitung ihres neuen Vorsitzenden, des Amtsgerichtsrats Hans Hartmann Freiherr von Schlotheim.[37]

36 Vgl. Soden (Hans von) 1957/58, 189.

37 Hans-Hartmann Freiherr von Schlotheim wurde am 04.08.1910 in Bromberg/Westpreußen geboren. Nach dem Studium der Rechtswissenschaft begann er eine Beamtenlaufbahn in Breslau. Eine Beschäftigung im Justizdienst blieb ihm nach eigener Auskunft infolge eines Ehrgerichtsverfahrens vor dem NS-Rechtsverwahrerbund in Breslau 1935 verwehrt. Ihm sei der Besuch eines Kurses zur Vorbereitung auf das Staatsexamen, der von einem Juden geleitetet worden war, zur Last gelegt worden. 1939–1944 leistete er

Zwar blieb das Leitungsgesetz während der gesamten Geltungsdauer nie unangefochten, doch war die Kritik daran bis Ende der 1950er Jahre nicht über die Einwände Einzelner hinausgekommen. Der Funke, an dem sich die Diskussion 1959 in nicht gekannter Heftigkeit entzündete, war das Etatrecht bzw. die Finanzhoheit der Synode.

Das Leitungsgesetz hatte der Synode kein Etatrecht eingeräumt. Dieses lag beim Rat. Ihm kamen die Rechte zu, den Haushaltsvoranschlag der Landeskirche zu genehmigen, die Jahresrechnung zur Entlastung vorzulegen und die Finanzen der Landeskirche durch Sachverständige prüfen zu lassen. Diese Kompetenzzuweisung war bei der Verabschiedung des Leitungsgesetzes nicht problematisiert worden, da der landeskirchliche Etat in jenen Jahren verhältnismäßig klein war, weithin zweckgebundene Mittel aufwies und sich neben den Staatsleistungen aus einer von den Gemeinden an die Landeskirche überwiesenen Umlage speiste. Das Besteuerungsrecht und damit die Hoheit über die Einnahmesituation lagen bei den Gemeinden. Dieser Umstand kehrte sich mit der Umstellung vom Ortskirchen- auf das Landeskirchensteuersystem 1949 um. Von nun an kam der Landeskirche die Hoheit über die wachsenden Mittel der Gesamtkirche und ihrer Gemeinden zu, ohne dass das Leitungsgesetz an die veränderten Bedingungen

Wehrdienst. 1945 floh von Schlotheim über Sachsen nach Hofgeismar, der Heimat der Familie seiner Ehefrau. 1946 trat er in den hessischen Justizdienst ein. Von 1947 bis zu seiner Pensionierung 1975 war er am Amtsgericht in Hofgeismar als Amts- und Oberamtsrichter tätig. Von Schlotheim engagierte sich mit Nachdruck für die Arbeit der Evangelischen Akademie der ELKW. 1949 nahm er erstmals an einer Juristentagung der Akademie teil, bald darauf agierte er als Mitglied in deren Konvent bzw. Kuratorium der Akademie. Ab 1958 führte er als nebenamtlicher Studienleiter der Akademie insgesamt 125 Tagungen selbständig durch. Von Schlotheim starb am 13.02.1991 in Hofgeismar. Zur Biographie vgl. „Kirchenrat Hans-Hartmann Frhr. v. Schlotheim zum 70. Geburtstag", in: Anstösse 27, 1980, 115 f.; „Zum Tod von Hans-Hartmann Freiherr von Schlotheim", in: Anstösse 38, 1991, H. 3.3; Meldebogen auf Grund des Gesetzes zur Befreiung von Nationalsozialismus und Militarismus vom 05.03.1946 v. 26.04.1946 (gez. von Schlotheim); Großhessisches Staatsministerium. Der Minister für Wiederaufbau und politische Befreiung. Der öffentliche Kläger bei der Spruchkammer Hofgeismar (Az.: Ho/ 33/ 46; gez.: Der Vorsitzende der Spruchkammer) an von Schlotheim v. 06.07.1946, beides in: Hessisches Hauptstaatsarchiv Wiesbaden, 520/ Ho Nr. 33/ 46.

angepasst worden wäre. Zwar existierte zur Unterstützung des Bischofs bereits seit der Notsynode ein synodaler Finanzausschuss, doch waren dessen Rolle im Leitungsgefüge der ELKW und seine Kompetenzen zu keinem Zeitpunkt eindeutig bestimmt worden. Seine Einsetzung war ad-hoc geschehen. Seine Bestätigung und Erneuerung durch folgende Landessynoden wurde sporadisch vollzogen und stand in der zweiten Legislatur der Synode seit 1953 nicht mehr auf der Tagesordnung.

Doch auf der Landessynode 1960 warf der Kasseler Pfarrer Walter Nagel nun die Frage nach dem Etatrecht der Landeskirche mit Nachdruck auf. Er forderte die Einsetzung eines synodalen Finanzausschusses und verwies dazu – da das Leitungsgesetz ständige synodale Ausschüsse nicht kannte – auf die „Kompetenz-Kompetenz" der Synode: Die Synode könne als oberstes landeskirchliches Organ auch dann ständige Ausschüsse einsetzen, wenn das Leitungsgesetz von dieser Möglichkeit schweige.[38] Das waren neue Töne, die Wüstemann als Verstoß gegen die von von Soden geprägten Verfassungsprinzipien scharf zurückwies, dabei aber auf den Widerstand von Schlotheims stieß, der als Vorsitzender der Synode den Ausführungen Nagels zustimmte und damit offen Position gegen den Bischof und seine auf von Soden gestützte Argumentation bezog.[39] Auf diese Weise öffnete die Finanzdiskussion das Tor zu einer Neuinterpretation des Leitungsgesetzes abseits der Denkschrift von Sodens. Denn die Debatte um die Einsetzung eines synodalen Finanzausschusses weitete sich rasch aus zu einer Grundsatzdebatte um die landeskirchliche Verfassung, die in schneller Folge weite Kreise zog. So veranstaltete die „Bekennende Kirche von Kurhessen-Waldeck" im Herbst 1960 einen Konvent zum Thema „Kirchenordnung" und setzte gar eine „Kommission für Verfassungsfragen" ein, die das Leitungsgesetz kritisch überprüfen sollte.[40]

38 Vgl. Verhandlungen der außerordentlichen Tagung der 3. Landessynode der ELKW (30.05.–02.06.1960), a.a.O., 86–88.

39 Vgl. a.a.O., 88–97.

40 Vgl. Eugen Sauer, „Um das Leitungsgesetz. Bericht vom Herbstkonvent der BKKW für den epd-Informationsdienst (Landeskirchlicher Monatsspiegel)", in: Landeskirchliches Archiv Kassel, SB Wüstemann, Nr. 14.

Im Juni 1961 zog der Pfarrerverein als Schwergewicht der landeskircheninternen Meinungsbildung nach und veranstaltete seinerseits eine Tagung zu den Themen „Gemeinde und Amt" und „Kirchenordnung in der Gegenwart".[41] Wüstemann, der die bestehende Ordnung und damit in gewisser Weise die Kirchenordnung der Vergangenheit stets als unumstößlich verteidigte, verlor seinen Rückhalt innerhalb der kirchenleitenden Organe. Im Herbst 1962 wurde er vom Rat der Landeskirche zum Rücktritt gedrängt. Gleichzeitig leitete der Rat in Abwesenheit des Bischofs die Reform des Leitungsgesetzes ein, indem er einen Rechtsausschuss zu dessen Überprüfung und Abgleichung mit der in Teilen nach wie vor gültigen Kirchenverfassung von 1923/24 bestellte.[42] Noch im Dezember 1962 nahm der Rechtsausschuss seine Arbeit auf.

Bereits im März 1963 legte der Ausschuss der Synode eine erste Konzeption zur Neuordnung der Leitung und Verwaltung der Landeskirche vor, welche die Kompetenzen des Bischofs einschränken sollte – allerdings vornehmlich zu Gunsten des Rates.[43] Die Synode bewies im folgenden verfassungsgebenden Prozess jedoch Zähigkeit und erstritt sich die von ihr gewünschten Rechte, allen voran das alleinige Gesetzgebungs- sowie das Etatrecht.[44]

Allerdings setzte jene Neubestimmung der Synode eine Emanzipation von von Sodens Leitungskonzept insofern voraus, als von Soden die Stärke des Bischofs im Gegenüber zur Synode einst mit Erfahrungen aus der Zeit des Kirchenkampfes begründet hatte. An einer derart starken Begründung konnte man auch Mitte der

41 Vgl. „Einladung zur Hauptversammlung des Pfarrervereins in Melsungen 1961", in: PBlKW 1961, 77; „Hauptversammlung des Pfarrervereins 1961 (Bericht)", in: PBlKW 1961, 110–112; Ulrich Scheuner, „Kirchenordnung in der Gegenwart" (gekürzte Form seines Vortrages in Melsungen), in: PBlKW 1961, 141–146.

42 Vgl. Protokoll der 62. Tagung des Rates der Landeskirche v. 09.–10.10.1962, in: Landeskirchliches Archiv Kassel, SB Vellmer, Nr. 103.

43 Vgl. Konzeption für die künftige verfassungsrechtliche Stellung der Leitungsorgane der Landeskirche, in: Verhandlungen der 3. außerordentlichen Tagung der 3. Landessynode der Evangelischen Landeskirche von Kurhessen-Waldeck vom Montag, den 4. März bis Freitag, den 8. März und vom Montag, den 27. Mai bis Dienstag, den 28. Mai 1963 zu Hofgeismar, Kassel 1963, 146–151.

44 Vgl. Grundordnung der Evangelischen Kirche von Kurhessen-Waldeck v. 22.05.1967 [GO], in: KA ELKW 1967, 19–35.

1960er Jahre nicht einfach vorübergehen. Von Sodens Leitungskonzept musste also auch von dieser Warte her kritisch beleuchtet werden. Dies geschah, indem der auf der Notsynode geäußerte Einwand Lütkemanns, man könne dem Leitungsgesetz eine Beeinflussung durch das Führerprinzip abspüren, wieder aufgenommen wurde.[45]

So meinte der Landessynodale Pfarrer Joachim Stahl[46] im Zuge der 1. Lesung des Entwurfs zur Grundordnung der EKKW während der Landessynode 1965/66, es müsse mit dem „Mythos" aufgeräumt werden, das Modell von Sodens zur Leitung und Verwaltung entspreche den Erfahrungen des Kirchenkampfes. Laut diesen hätte es einen konsequenten Aufbau der Kirche von den Gemeinden aus geben müssen, während Kurhessen-Waldeck – bei aller Achtung vor dem einstigen Bruderratsvorsitzenden – einen Sonderweg gegangen sei, der mit dem starken Bischofsamt das Führerprinzip in die Kirchenverfassung eingespeist habe.[47] Armin Füllkrug, seinerzeit amtierender Vizepräsident der Landeskirche, hatte jene Interpretation des kirchenrechtlichen Werkes von Sodens durch eine Veröffentlichung in einer Festschrift für Wilhelm Maurer öffentlich und damit zitierfähig gemacht.[48]

In jenem Vorwurf findet sich die Frage nach den Wurzeln der Bischofskonzeption von Sodens wieder. Sie lässt sich nach dem bisherigen Stand der Forschung zur Biographie von Sodens nicht abschließend beantworten. Offensichtlich ist, dass von Soden in den Synodalverhandlungen zur Verfassung der Altpreußischen Union 1922/23 ein Konzept vertrat, welches das Leitende Geistliche Amt vom Tagesgeschäft der Leitung und Verwaltung einer Landeskirche trennte. Geistliche Leitung sollte dabei im Wesentlichen auf dem Wort und Charisma des Amtsträgers beruhen.[49] Die

45 Vgl. Soden (Hans von) 1957/58; dazu Protokoll der Notsynode (1. Exemplar), 19–23, in: Landeskirchliches Archiv Kassel.

46 1928–2002; seinerzeit Pfarrer in Obergeis.

47 Vgl. Verhandlungen der 1. ordentlichen Tagung der 4. Landessynode der Evangelischen Landeskirche von Kurhessen-Waldeck vom Montag, den 29. November bis Freitag, den 3. Dezember 1965 und vom Dienstag, den 22. März bis Donnerstag, den 24. März 1966 zu Hofgeismar, Kassel 1966, 46–49.

48 Vgl. Füllkrug 1965.

49 Vgl. Bericht über die Verhandlungen der Außerordentlichen Kirchenversammlung zur Feststellung der Verfassung für die evangelische Landeskirche der älteren Provinzen Preußens vom 24. bis 30. September 1921 und vom

Erfahrung aus der Zeit des Nationalsozialismus lehrten ihn aber, dass Charisma allein zur Sicherung einer Kirche gegen die Überformung durch außerkirchliche Einflüsse nicht ausreichte. Zunächst ist im Gespräch mit den Kritikern von Sodens jedoch festzuhalten, dass dieser im selben Jahr, in dem er die einstige „Verordnung des Landeskirchenausschusses betreffend die Leitung und Verwaltung" entwarf, in einem Kommentar zur Barmer Theologischen Erklärung der Übernahme des Führerprinzips in die Kirche eine klare Absage erteilte. Das staatliche Führeramt, so von Soden, könne in der Kirche keinen Platz finden, da es auf Herrschaft hin konzipiert sei, während kirchliche Ämter als Dienst zu verstehen seien.[50] Andererseits wird man nicht übersehen dürfen, dass jener Dienstcharakter in zeitgenössischen Werken auch in Bezug auf das Führerprinzip formuliert wurde. Ich zitiere beispielhaft aus Ernst Rudolf Hubers *Verfassungsrecht des Großdeutschen Reiches* von 1939: „Der Führer vereinigt in sich alle hoheitliche Gewalt des Reiches; alle öffentliche Gewalt im Staat wie in der Bewegung leitet sich von der Führergewalt ab. [. . .] Denn nicht der Staat als eine unpersönliche Einheit ist der Träger der politischen Gewalt, sondern diese ist dem Führer als dem Vollstrecker des völkischen Gemeinwesens gegeben. Die Führergewalt ist umfassend und total; sie vereinigt in sich alle Mittel der politischen Gestaltung; [. . .] Die Führergewalt ist nicht durch Sicherungen und Kontrollen, durch autonome Schutzbereiche und wohlerworbene Einzelrechte gehemmt, sondern sie ist frei und unabhängig, ausschließlich und unbeschränkt. Aber", so Ernst Rudolf Huber weiter, „sie ist nicht selbstherrlich, und sie bedeutet keine Willkür, sondern trägt ihre Bindung in sich selbst. Sie geht vom Volke aus, d.h. sie ist dem Führer vom Volke anvertraut, sie ist um des Volkes willen da, sie hat ihre Rechtfertigung aus dem Volk. Sie ist frei von allen äußeren Bindungen, weil sie im Inneren ihres Wesens aufs stärkste gebunden ist an das Schicksal,

29. August bis 29. September 1922, Erster Teil: Sitzungsverhandlungen, hg. vom Redaktionsausschuss der Verfassungsgebenden Kirchenversammlung, Berlin 1923, 122–126, 1016–1026.

50 Vgl. Hans von Soden, „Artikel I der Verfassung der Deutschen Evangelischen Kirche vom Juli 1933 und die Barmer Theologische Erklärung", in: Soden (Hans von) 1951/56, Bd. 2, 272–293, hier 285–287.

an das Wohl, an die Aufgabe, an die Ehre des Volkes."[51] Die Ähnlichkeiten einer solchen Definition mit von Sodens Äußerungen zur Bischofsgewalt in seiner Denkschrift von 1945 sind nicht zu leugnen. Doch mit Blick auf von Sodens Kommentar zur Barmer Theologischen Erklärung und seiner Rolle als Vorsitzendem der „Bekennenden Kirche in Kurhessen-Waldeck" scheidet eine Ableitung seiner Bischofskonzeption vom nationalsozialistischen Führerprinzip aus – meines Erachtens bereits 1937, als man die Übernahme des Führerprinzips in die Kirchenverfassung als taktisches Zugeständnis gegenüber dem Staat hätte werten können. Ihre Prägung könnte die Bischofskonzeption von Sodens vielmehr, wie der bedeutende Verfassungsrechtler Rudolf Smend 1956 in einem Brief an Wüstemann vermutete, durch „einen gewissen Einschlag jugendbewegter Führerideologie" erhalten haben.[52] Dies unterstreichend, zitiere ich eine Passage aus dem im Umfeld der Marburger Theologischen Fakultät entstandenen *Berneuchener Buch*, die dezidiert für die Einführung des Bischofsamtes in der evangelischen Kirche eintritt: „Es entspricht dem Wesen der evangelischen Kirche, dass sie unter der Führerschaft eines Mannes steht. In solcher bischöflichen Leitung ist die lebendige Führung durch das Zeugnis des Gewissens für die wechselnde Stunde gewahrt. Aber das gilt doch nur, solange der Führer selbst wirklich von dem Herrn geführt ist. Aber ebenso weist die Führerschaft eines Kreises solidarischer Führer mit besonderer Eindringlichkeit auf die Führung durch den unsichtbaren Herrn der Kirche; aber auch das gilt nur, solange der Kreis führender Menschen in der Stunde der Beratung die Einheit im Geist erringt. Darum müssen sich der lutherische Bischofsgedanke und die reformierte Synodalverfassung verbinden. [. . .] Was man heute Kirchenverfassung nennt, der Aufbau eines demokratisch kontrollierten Verwaltungsapparates, hat mit der Führung und Gestalt der Kirche kaum etwas zu tun. Es ist ein Unfug, die nötigen Einrichtungen zur Leitung und Verwaltung mit einer Autorität und Würde zu umkleiden, die nur der geistlichen Führung der Kirche gebührt. Mit der bloßen Umbenennung von Generalsuperintendent in Bischof ist es wirklich nicht getan.

51 Vgl. Huber 1939, 230.

52 Vgl. Smend an Wüstemann v. 15.09.1956, in: Landeskirchliches Archiv Kassel, SB Wüstemann, Nr. 118.

Erst die ehrliche Unterscheidung der Aufgabe der Verwaltung von der der geistlichen Führung und die entschlossene Unterordnung, wir sagen nicht der Juristen unter die Theologen, aber der Verwaltung unter die Führung (wenn auch in einer Person), schafft Raum dafür, dass die Kirche auch in ihrer Gestalt und Regierung transparent werde und ein Hinweis auf die Vollendung der Gemeinde."[53] Auch zwischen diesen Gedanken, entwickelt im Umfeld der Marburger Fakultät, und von Sodens Denkschrift von 1945 bestehen erstaunliche Parallelen, ohne dass eine Abhängigkeit nachgewiesen werden könnte. So ist im Kern der auf die Ziele der Bekennenden Kirche gründeten Einschätzung Martin Heins zu folgen, der 1991 in Bezug auf die dem Leitungsgesetz vorangehende „Verordnung" von 1937 feststellte: „Charakteristisch für diesen Entwurf war das Bestreben, die Leitung der Landeskirche [. . .] bischöflich zu strukturieren – nun aber nicht, um die geistliche Leitung der Kirche dem staatlichen Führerprinzip anzupassen, sondern um gerade ein starkes Gegengewicht gegenüber dem Staat zu gewinnen und die Eigenständigkeit der Kirche herauszustellen."[54]

Über die Quellen der von Soden'schen Leitungskonzeption lässt sich diskutieren. Dabei wäre auch der Einfluss seiner altkirchlichen Studien auf seine Bischofskonzeption zu prüfen. Doch solche Diskussion bzw. solcher Streit, der notwendig die Abwägung verschiedener Argumentationen und deren differenzierte Wahrnehmung und Bewertung einschließt, wurde Anfang der 1960er Jahre in der Synode der Landeskirche nicht geführt. Zur Distanzierung von der Leitungskonzeption von Sodens war der Modus der Polemik völlig ausreichend.

53 Vgl. Das Berneuchener Buch. Vom Anspruch des Evangeliums auf die Kirchen der Reformation, hg. von der Berneuchener Konferenz, Hamburg 1926, 131 f.

54 Vgl. Hein 2009c, 72. Die Erstveröffentlichung des Aufsatzes erfolgte 1991 in der Zeitschrift für Rechtsgeschichte 108/ Kanonistische Abteilung 77, 406–427.

Festzuhalten sind daher in diesem Distanzierungsprozess drei einfache Sachverhalte:

- Das Leitungskonzept von Sodens war stark auf das Amt und die Person des Bischofs konzentriert.
- Die Synode der ELKW wollte sich in den 1960er Jahren von diesem Leitungskonzept verabschieden, um ihre eigene Rolle zu stärken.
- Diesem Bemühen was es dienlich, in Bezug auf das Leitungsgesetz von einer Übernahme des Führerprinzips zu sprechen und sich auf diese Weise von dem Leitungskonzept von Sodens zu distanzieren.

Fazit

Hans von Soden legte der ELKW 1945 ein Leitungskonzept vor, das auf Erfahrungen der Landeskirche aus der Zeit des Nationalsozialismus verweisen konnte, darum breite Zustimmung fand und in den Anfangsjahren der landeskirchlichen Neuordnung aufgrund seines praktischen Nutzens zu überzeugen wusste – auch deshalb, weil Bischof Adolf Wüstemann als Schüler von Sodens sein Amt gemäß dessen Vorgaben gestaltete. Andererseits führte der Vermächtnischarakter, den das Leitungsgesetz nach dem Tod von Sodens annahm und den Wüstemann pflegte, dazu, dass die Landeskirche eine frühzeitige, geordnete Reform des Leitungsgesetzes verpasste. Eine solche hätte zumindest nach der Kirchensteuerreform 1949 in Bezug auf das landeskirchliche Etatrecht angestanden, erfolgte aber im Sinne einer Einpassung der ELKW in das sie umgebende gefestigte demokratische Umfeld auch in den Folgejahren nicht. Es kam zu einem Reformstau bezüglich der Verfassung, der sich auch in anderen Feldern des kirchlichen Lebens, die hier nicht näher berührt wurden, so in der Öffentlichkeitsarbeit und der Liturgie, äußerte. Mit der dritten gewählten Landessynode wurde der Reformstau offen kritisiert. Der Ärger darüber entlud sich im Bruch mit Wüstemann und in der Emanzipation von dem Leitungskonzept von Sodens.

Dennoch schüttete die Landessynode mit der Reform der Kirchenverfassung das Kind nicht mit dem Bade aus. So wurde mit der Grundordnung der EKKW von 1967 gegenüber dem Leitungsgesetz die „polare Spannung" zwischen Bischof und Synode in ein komplementäres „Miteinander und Gegenüber" aller fünf, einst durch das Leitungsgesetz eingeführten Leitungsorgane überführt.[55] Das heißt: An der grundsätzlichen Struktur der Leitung und Verwaltung, bestehend aus Synode, Bischof, Rat, Pröpsten und dem Landeskirchenamt wurde nicht gerüttelt, sondern ihre Zuordnung wurde neu justiert, wobei insbesondere die Rechte und Kompetenzen der Synode aufgewertet wurden und das Landeskirchenamt als eigenverantwortliches Kollegialorgan eine seiner Bedeutung entsprechende Anerkennung erfuhr. Die Neujustierung brachte das Leitungskonzept von Sodens mit den auf seiner Grundlage seit 1945 gesammelten Erfahrungen ins Gleichgewicht.

55 Vgl. Hein 1994; dazu Knöppel 2000.

Erinnerungen an Hans von Soden aus Sicht der Familie oder Begegnungen im Rückblick: Facetten einer faszinierenden Persönlichkeit

von Sigrid Bernhardt geb. von Soden

Das Wort Erinnerungen suggeriert, dass eine Vielzahl von erlebten Eindrücken innerhalb der Familie an die Person Hans von Soden vorhanden sei. Solche Erinnerungen gibt es aber nicht. „Begegnung" im Rückblick oder durch Rückblick habe ich deshalb, was ich vortragen kann, genannt. So gesehen findet unsere Begegnung mit Hans von Soden erst jetzt statt mittels des Rückblicks. Und was wir dabei entdeckt haben, sind Facetten einer faszinierenden Persönlichkeit.

Machen wir es uns klar anhand dieser Übersicht über vier Generationen, die sich mit der Generation von Hans von Soden überschnitten haben.

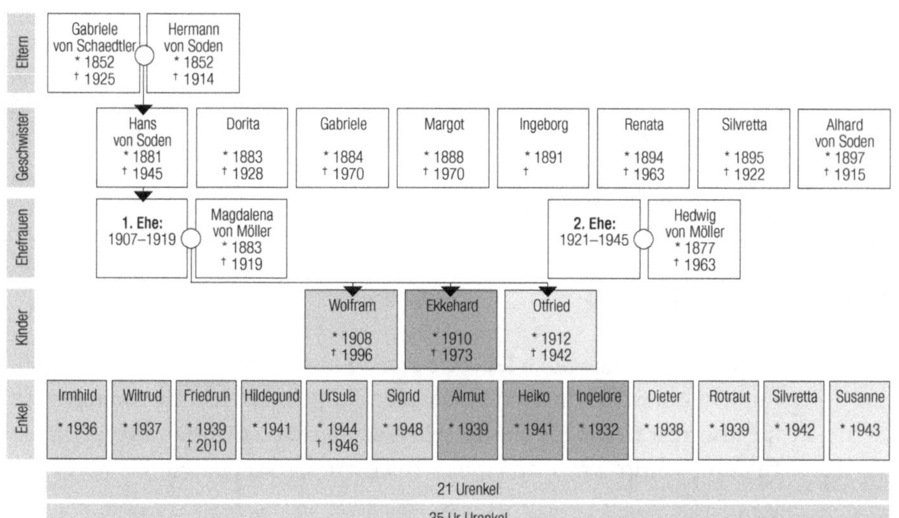

Wir sehen:

- die Generation der Eltern von Hans: Gabriele und Hermann von Soden. Sie reichte bis in das Jahr 1925, das Todesjahr von Gabriele.
- die Generation von Hans und seinen sieben Geschwistern: sie reichte bis in das Jahr 1970. Hans von Soden selbst lebte aber nur bis 1945
- die Generation der Söhne Wolfram, Ekkehard und Otfried: sie reichte bis in das Jahr 1996
- und schließlich die Generation der Enkelinnen und Enkel. Sie sind es, die heute leben, die selbst Kinder und Enkel haben.

Von den Enkeln war die älteste, meine Schwester Irmhild von Drachenfels, neun Jahre alt, als unser Großvater starb. Das Foto zeigt sie mit ihrem Großvater. Sie könnte kindliche Erinnerungen haben, die sie jedoch nicht hat, was sicherlich auch mit den sehr schwierigen Zeiten bis 1945 zusammenhängt, als die Kinder mehr mit ihren Verhältnissen zu Hause und im Luftschutzkeller als mit dem in einer anderen Stadt lebenden Großvater beschäftigt waren. Da wurde vieles überdeckt.

Die einzige aus der Enkelgeneration, die die kindlichen Erinnerungen hat, ist meine Schwester Wiltrud Ott, die zum Zeitpunkt seines Todes acht Jahre alt war – hier mit ihrem Großvater.
Darauf komme ich später zurück.

Da wir auch keine noch lebende Person unter den heute 80- bis 90-jährigen kennen, die unseren Großvater gut gekannt hat, mussten wir Enkel also Erinnerungen in uns selbst erst aufbauen anhand von Briefen, Bildern, schriftlichen Berichten, Büchern, Dokumenten. Damit begannen wir langsam vor einigen Jahren bei unseren damals neu eingeführten sporadisch stattfindenden „Cousinentreffen“. Von unseren Vätern hatten wir fast gar nichts erfahren. Der Jüngste, Otfried, war früh verstorben, und die beiden anderen gehörten zu der in Bezug auf persönliche Erinnerungen meist schweigsamen Generation derer, die die NS-Zeit und den zweiten Weltkrieg durchlebt und überlebt hatten. Und wir gehörten zur Generation derer, die die Väter nicht viel fragten.

Im Vorfeld dieses Tagungsprojekts begann das intensive Suchen in Fotos, Briefen, Büchern, Monographien und sonstigen Materialien. Die Briefe – soweit sie handschriftlich verfasst waren – wurden zum größten Teil von unserem Familienfreund Dieter Emmerling – Tag für Tag mit Lupe – in allgemein lesbare Schrift übertragen. Einen anderen Teil, weitgehend Briefe zwischen Hans von Soden und seinem Sohn Otfried, übertrug unsere Cousine Susanne Heßdörfer. Sie suchte auch die Archive in München[1] auf, in denen bestimmte Bestände über unseren Großvater bzw. unsere Familie aufbewahrt sind, und half mir mit vielen Einzelrecherchen. Einen großen Bestand an Familienunterlagen, den wir bei der Haushaltsauflösung in den Sachen meines Vaters Wolfram von Soden gefunden hatten, scannte meine angeheiratete Nichte Katrin Ott ein und erstellte davon eine CD. Allen Genannten danke ich, ebenso meinen Schwestern und weiteren Cousinen hier und in Afrika und meinem Vetter mütterlicherseits, Hans Leuschner, die mir Material zur Verfügung gestellt haben.

Im Ergebnis liegen Briefe vor, die Hans von Soden an seinen jüngsten und an seinen ältesten Sohn und deren Ehefrauen geschrieben hat, aber auch umgekehrt von diesen an ihn gerichtete Briefe, außerdem von Freunden, Schwestern, Schülern, Assistenten. Seine Schwester Gabriele, genannt Lele, hat ihrem nach Namibia ausgewanderten Sohn schriftliche Erinnerungen hinterlassen, die wir jedoch nur in Bruchstücken aus einem mail-Verkehr mit der dortigen Enkelgeneration kennen. Ebenso liegen einige Erinnerungen vor, die er für seine Kin-

1 Evangelische Arbeitsgemeinschaft für Kirchliche Zeitgeschichte Bayerisches Hauptstaatsarchiv, Familienarchiv von Soden-Fraunhofen, München.

der, Enkel und Schüler geschrieben hat,[2] außerdem autobiographische Aufzeichnungen für die Zwecke des Entnazifizierungsverfahrens. Durch Hinzunahme von Veröffentlichungen von ihm und über ihn entstand zunehmend ein lebendiges Bild der Persönlichkeit unseres Großvaters, das aus interessanten, überraschenden Facetten besteht: Entwicklungsstufen genauso wie Begabungen, Neigungen und Hinwendungen. Die Theologie rechne ich nicht zu diesen Facetten – falls Sie sie im folgenden vermissen – denn sie umspannt alles bei ihm, auch jeden seiner Aussprüche. Sie ist nicht nur Teil seiner Person, sondern die ganze. Und sie kommt auf dieser Tagung in anderen Referaten zur Geltung.

Unser Großvater war ein großer Briefeschreiber vor dem Herrn. Die Briefe sind lang, ausführlich, auf alles, was der jeweilige Adressat geschrieben hat, eingehend, dabei immer hilfreich, sorgfältig. Wenn ich darüber spreche, komme ich ins Schwärmen. Am liebsten hätte ich das ganze Referat nur aus Briefzitaten aufgebaut, nur meinen Großvater sprechen lassen. Aber wenn dies mündlich vorgetragen wird, ist ganz schnell jede Zeitgrenze überschritten, und es würde auch nicht helfen, die Zitate bis zur Unkenntlichkeit zu kürzen.

Kommen wir deshalb nun zu den einzelnen Facetten. Facetten sind glitzernde Strukturen. Wenn man darauf guckt, zeigt sich schnell wechselnd ein verändertes Bild. So ist es mit menschlichen Facetten auch. Und so will ich von unserem Großvater 10 Facetten zeigen und dabei ihn selbst möglichst viel zu Wort kommen lassen.

2 Nicht veröffentlicht.

1. Elternhaus und Prägung

Hans von Soden kam am 04.11.1881 in Striesen bei Dresden zur Welt.

Er wuchs als Ältester unter 6 Schwestern und einem Bruder auf.

Die Eltern waren Pfarrer Hermann von Soden und Gabriele von Soden geb. von Schädtler. Das Foto zeigt sie mit ihrem Ältesten Hans.

Vater Hermann von Soden war zur Zeit der Geburt seines ersten Kindes Hans Gemeindepfarrer in Striesen bei Dresden. Nach einem Jahr dort wechselte er die Stelle und ging mit seiner Familie in eine Gemeinde in Chemnitz. Die berufliche Tätigkeit des Vaters als Gemeindepfarrer war wichtige Prägung für Hans von Anfang an.
Hans von Soden in seinen Erinnerungen: *„Ich habe nie etwas anderes werden wollen als was mein Vater war: Pfarrer. Bestimmend waren für mich ... die in meiner Kinderzeit an allen Sonntagen gut gefüllte, an den Festtagen stets überfüllte Kirche meines Vaters einerseits und die Besuche von Trauernden und die damals fast täglichen Fahrten auf den Friedhof. Ich sagte mir, dass sein Beruf offenbar sehr vielen Menschen diene und ihnen in ihrem schwersten Erleben Hilfe bringe.“*

Die ersten Kindheitsjahre verbrachte Hans im väterlichen Pfarrhaus in Chemnitz.

1887 zieht die Familie nach Berlin. Dort wird der Vater – Hans ist 6 Jahre alt – Gemeindepfarrer der Jerusalemskirche und 8 Jahre später Honorarprofessor an der Friedrich-Wilhelms-Universität. Hans begleitet den Vater mit zunehmendem Alter intensiv bei beiden beruflichen Tätigkeiten. Er schildert in seinen Erinnerungen die ersten Jahre seiner Kindheit ganz aus der Sicht des Vaters. Während ein anderer vielleicht auch die Mutter und die Geschwister beschrieben hätte – gerade in den ersten Jahren des Lebens – finden diese bei Hans – außer der Zahl bzw. dem Namen nach – keine Erwähnung. Aus der ersten Zeit berichtet Hans nur über die jeweiligen Beweggründe des Vaters für seine Gemeindestellenwechsel. Nach Berlin, so berichtet er – geht man wegen der größeren Pfarrwohnung, die in Chemnitz für die wachsende Familie zu klein war. Die Wohnung in Berlin beschreibt

Hans mit einigen Worten und kommt dann endlich zu sich selbst mit der Feststellung: „In diesem Pfarrhaus bin ich aufgewachsen". Hier in Berlin beginnt für ihn also das Leben. Dort absolviert er die Schulzeit so schnell wie möglich – ein halbes Jahr wird ihm zum Schluss auf Antrag „geschenkt", wie er sich ausdrückt.

Die Familie hatte ein Feriendomizil, das Rittergut Grüngräbchen in Sachsen.

Lange nach dieser Zeit, im Mai 1942, schreibt Hans von Soden an seinen Sohn Wolfram, der zu der Zeit als Soldat im Zweiten Weltkrieg in Meißen stationiert ist: *„Du kannst natürlich, wenn Du willst, einmal nach Grüngräbchen fahren. Du weißt ja wohl, dass meine Eltern seinerzeit im dortigen Schloss eine ständige Sommerwohnung hatten, in der ich die Ferien in meiner Primaner- und Studentenzeit zugebracht habe. Ich habe eigentlich nur glückliche Erinnerungen an diese Zeit. Ich liebte den Wald und habe ihn mit und ohne Gewehr nach allen Richtungen durchstreift."*

Vater Hermann schreibt im Sommer 1902 spürbar genussvoll aus den Ferien in Grüngräbchen an seinen Vater Theodor in Esslingen: *„Lieber Vater, ich stecke trotz der Ferien so im Korrekturlesen und Manuscriptvollendung, dass ich, da ich dazwischen doch auch radeln, baden, Böcke schießen muss, Tag um Tag auf ein freies Stündchen hoffte Dir zu schreiben … Am 16. [das war Hermanns 50. Geburtstag] läutete mich die Glocke auf dem Türmchen aus dem Schlaf. Nach steten Wolkentagen brach ein einzig schöner Sonntag an. Unter den Linden, wo wir mit Dir stets so gemütlich saßen, standen die 8 Kinder und besangen mich mit Meisterversen von Hans, jedes sinnig geschmückt."* Die Verse von Hans sind überliefert.

Das Musizieren hat in der Familie von dem sehr musischen Vater Hermann her Tradition und wird besonders in Grüngräbchen gepflegt, ebenso wie gesellschaftlich/verwandtschaftliches Leben, lange Radtouren mit vielen Fahrrädern. Nach den Schilderungen von Hans' Schwester Gabriele, hatten die Acht eine sehr glückliche Kindheit.

Als Student bleibt Hans von Soden im Elternhaus in Berlin. In seinen Erinnerungen schreibt er: *„In Berlin ist neben meinem Vater vor allem Adolf Harnack mein Lehrer geworden; er wurde für mich der Lehrer.“*
Das Foto zeigt ihn mit dem verehrten Lehrer.

Hermann von Soden und Adolf von Harnack als prägende Personen für Hans von Soden – was charakterisiert die beiden in ihrer Beziehung zu Hans?

Harnack hat offenbar eine ganze Generation von Theologen mit seinen Vorlesungen und Seminaren gefesselt, darunter Dietrich Bonhoeffer, Rudolf Bultmann, Martin Dibelius u.v.m. Er faszinierte sie durch seine mitreißende Art zu lehren, aber zweifellos auch durch die Breite seines Hintergrundes in der Verbindung von liberaler Theologie und Kulturprotestantismus mit Wissenschafts-, Sozial- und Kulturpolitik. Den jungen Hans holte er theologisch dort ab, wo er sich in der Beschäftigung mit den Quellen des Neuen Testaments befand, nämlich in der Kirchengeschichte und im Besonderen im Urchristentum, das übrigens auch eine besondere Leidenschaft von Hermann von Soden war. Harnack beschäftigte sich wie später sein Schüler Hans von Soden u.a. mit den Kirchenvätern, besonders Augustinus. Harnacks Seminare im eigenen Haus übten auf Hans, der sich gern im vertrauten Rahmen bewegte, eine besondere Anziehung aus. Seine Seminarprotokolle, die er als sog. Senior der Seminare verfasste, sind z.T. veröffentlicht.[3] Er zählte zu denen, die Harnack humorvoll als „Dauersenioren" bezeichnete. Das kennzeichnet zugleich die Nähe, die Hans zu seinem Lehrer hatte. (Bonhoeffer anlässlich Harnacks Trauerfeier 1930: Er kam uns nahe, wie ein Lehrer dem Schüler nahe kommt.) Harnack verband Wissenschaft und Politik. Auch sein Schüler Hans von Soden wurde später sowohl in der Kommunalpolitik – wenn auch verhalten – und in der Kirchenpolitik aktiv. Der liberalen Theologie Harnacks ist Hans treu geblieben, auch in den Zeiten der Auseinandersetzung der deutschen Theologen mit der dialektischen Theologie Bultmanns und Barths, in der er innerhalb der Bekennenden Kirche um Vermittlung bemüht war.

Hermann von Soden wird sowohl von einem Studienfreund in dessen Nachruf als auch von seiner Tochter Lele als Frohnatur bezeichnet. Er war künstlerisch veranlagt, musikalisch wie als Dichter und Zeichner. Nach dem Studium in Tübingen, Vikariat und den ersten Berufsjahren in Württemberg entwickelten sich beruflich drei Schwerpunkte: die Arbeit in der Gemeinde, das soziale Engagement (z. B. Leitung eines Vereins für Kinderschutz, außerdem Gründung eines Heimes für Wöchnerinnen) und die Arbeit an der Universität einschließlich des großen neutestamentlichen Textkritikprojekts. Er gehörte außerdem zum Aktionskomitee des Evangelisch-Sozialen Kongresses, wo auch Harnack an entscheidender Stelle mitwirkte. Mit der Arbeit an seinem 1913 vollendeten zweibändigen Buch „Schriften des Neuen Testaments in ihrer ältesten erreichbaren Textgestalt"[4] verbinden sich auch Reisen zu den Quellen. Hermann liebte Englandreisen am meisten, Hans bekanntlich die Aufenthalte in Rom. Mehr als 40 weitere wissenschaftliche Mitarbeiter beteiligten sich an dem 16 Jahre dauernden Mammutprojekt. Für Hans eröffnete sich in diesem vielseitigen Leben des Vaters eine Welt, in der er sowohl für seine persönliche wie für seine geistige Entwicklung ideale Bedingungen fand. In seinen sorgfältig geführten kleinen Protokollheften aus dem Konfirmandenunterricht notiert er etwas für sein späteres Leben unter der

3 Wischmeyer 2004.
4 Soden (Herrmann von) 1902/13.

NS-Diktatur sehr Wichtiges: *„Unser Gewissen sagt uns, was gut ist: falsch! Nein, wir müssen lernen, was gut ist.“*

Er konnte sich in seinem Elternhaus offenbar frei entfalten und so seine in den späteren Briefen und Predigten spürbare Zugewandtheit entwickeln. Der glanzvolle geistige Reichtum und die Vielfalt der Tätigkeiten des Vaters, aber auch seine Liebe zur Natur, zu Musik, Kunst, zu Blumen gehörten mit zu dem, was Hans prägte und ihm einen wachen Blick für Wissenschaft und Kirche, aber auch darüber hinaus gab. All das war für Vater Hermann dennoch nicht ohne Hetze und Stress zu bewerkstelligen. Davon war er schon als Heranwachsender geplagt, als er von den Eltern ins evangelische Internat in Bad Urach geschickt wurde, eines der württembergischen Oberstufengymnasien, die speziell für die Hinführung zum Theologiestudium in Tübingen angelegt waren. Dazu seine Tochter Lele in ihren Erinnerungen: *„Die Seminarzeit in Bad Urach war nicht leicht, es war damals alles höchst primitiv und hart, schwere Kopfschmerzen waren die fast ständigen Begleiter meines Vaters.“* Hermann selbst schreibt am Ende eines Urlaubs in Grüngräbchen an seinen Vater: *„Montag morgen stehe ich in Dahlem ... auf dem Katheder und das Arbeitsleben nimmt wieder jede Minute in Anspruch und spannt jede Sehne. Hätte nur der Tag mehr Stunden, die Zeit fliegt wie ein Windhauch, wie ein Zeppelin über einen hin. Und immer hat man das Nachsehen und die Empfindung, nicht mitzukommen.“*

„Es ist tragisch, aber bezeichnend, dass er dem Kampf um die Minute zum Opfer gefallen ist“, so der Studienfreund in seinem Nachruf. Hermann von Soden verunglückte im Alter von 62 Jahren tödlich beim Aufspringen auf einen fahrenden U-Bahn-Zug.

Im Ergebnis ist die von Hans von Soden immer wieder betonte und gelebte Verbindung von wissenschaftlicher Theologie und Kirche auch eine Frucht des väterlichen Vorbilds, aber ebenso die Lebensfreude sowie die Einfühlung in die Mitmenschen.

Hans von Soden schloss sein Theologiestudium 1905 mit der Promotion zum lic. theol. ab. Seine Dissertation hatte das Thema: „Die Cyprianische Briefsammlung, Geschichte ihrer Entstehung und Überlieferung". Auf Grund seiner häufigen Romaufenthalte wurde er nahtlos an das Preußische Historische Institut in Rom berufen, wo er vier Jahre blieb.

Auch wenn er die 1. Theologische Prüfung nicht ablegte und kein Vikariat machte, wandte er sich früh neben der wissenschaftlichen Haupttätigkeit dem kirchlichen Wirken zu, dies schon in Rom, wo er Pfarramtsvertretungen übernahm und sich Konflikten in der dortigen Gemeinde widmete. Während seiner Breslauer Zeit begann die Zeit des kirchenpolitischen Engagements mit der Mitarbeit in der Verfassunggebenden Kirchenversammlung der Altpreußischen Union.

In seinen Erinnerungen beleuchtet Hans von Soden nicht ohne selbstkritische Anteile seine ersten 25 Lebensjahre. Den Gedanken, zum Studium das Elternhaus zu verlassen und nach Tübingen zu gehen, wo der Vater studiert hatte, hatte er fallen lassen, weil er dem Vater weiter bei der Textkritik helfen wollte. Weitere Gründe kommen hinzu. Er selbst schreibt dazu: *„Dies [die Assistenz beim Vater] ist der wesentliche Grund gewesen, dass ich Berlin nie verlassen habe. Die starke Anziehung Adolf Harnacks, den ich vom 3. Semester an gehört habe, kam freilich hinzu und verdeckte mir etwas den Blick für die Bedeutung anderer Fakultäten und ihrer Lehrer und den Wert des Studiums an mehreren Fakultäten überhaupt. Eine besondere Neigung zur Selbständigkeit vom Elternhaus hatte ich nicht, schloss mich im Gegenteil an Altersgenossen schwer an, hatte keine Neigung, einer studentischen Verbindung beizutreten, und etwas Scheu, allein an einem fremden Ort zu leben. Nachträglich erscheint es mir fraglich, ob es nicht ein Fehler gewesen ist …"*

2. Frauen im Leben von Hans von Soden

Man kann kaum glauben, dass nur Männer (Vater Hermann und Harnack) Hans beeinflusst haben – wie es nach seinen Erinnerungen scheint – und dass Frauen in Hans' Leben ohne prägenden Einfluss geblieben sind. Schauen wir deshalb auf die Frauen in seinem Leben:

Die erste Frau im Leben von Hans von Soden war naturgemäß seine Mutter Gabriele. Sie zeigt auch außerhalb der Mutterrolle als sog. achtfache Mutter, wie man heute sagen würde, ein besonderes Profil, das sie ihrem Schwiegervater Theodor von Soden gegenüber verteidigen muss.

Er fürchtet, dass sie auf der Tagung des Evangelisch-Sozialen Kongresses Pfingsten 1896 in Stuttgart ein Referat zu Frauenrechten halten wird. Denn das hat sie in Berlin schon erfolgreich getan und ist daraufhin gebeten worden, auf der Kongresstagung mitzuwirken. Mit Rücksicht auf den in Esslingen bei Stuttgart lebenden und um seinen Ruf besorgten Schwiegervater lehnt sie die Mitwirkung ab. Aber sie schreibt ihrem Schwiegervater und erläutert ihm ihre aus christlicher Motivation rührende Solidarität für Frauen, die nicht verheiratet oder geschieden und alleinerziehend sind und der Solidarität ihrer verheirateten Schwestern bedürfen. Sie schreibt: *„Diesen wollen wir helfen, wir wollen suchen, ihnen ein lebenswerthes Dasein in theilweise geistiger Berufsarbeit zu schaffen, und für uns selbst wollen wir lernen, Töchter zu erziehen, die einerseits fähig sind, allein durch's Leben zu gehen, andererseits … befähigter sind, einem gebildeten Mann nicht nur eine gute Hausfrau und treue Mutter seiner Kinder zu sein, sondern auch geistig ihm zur Seite zu stehen."*

Hans wuchs im Kreise von sechs Schwestern auf. Der einzige Bruder kam erst zur Welt, als Hans 16 Jahre alt war. Die Schwestern gehen teilweise in den Beruf und heiraten nicht, teilweise werden sie Mütter und Hausfrauen. Unter den Berufstätigen sind eine Diakonisse und spätere Oberin, eine Ärztin und eine Berufsmusikerin.

Von seiner Großmutter, Clementine von Soden, der Frau des gestrengen (Schwieger)Vaters Theodor in Esslingen, die gemeinsam mit ihrem Mann ein Institut für Höhere Töchter besitzt und leitet, schwärmt Hans von Soden in seinen Erinnerungen: *„Meine Großmutter, eine überzeugte und aktive Christin, die wohl wesentlich den Theologen in meinem Vater geweckt hatte, hat mich in meiner Kinderzeit stark beeinflusst; sie hat mich zuerst und mit nachhaltigstem Eindruck in die biblische Geschichte eingeführt und mir zu dieser eine niemals abnehmende Liebe eingepflanzt.“*

Die Großmutter war eine starke Frau, unter deren verhältnismäßig frühem Tod der Großvater Theodor zeitlebens sehr litt.

Hans hatte väterlicherseits drei Tanten, die er in seinen Erinnerungen erwähnt: Anna, Frieda und Eugenie: *„Bei der ältesten war ich im Kindergottesdienst. Sie [Tante Anna] wurde später Diakonisse, hat mich stets innig geliebt und an meinen Studien wie an meiner Berufstätigkeit treulich Anteil genommen.“*

Ihre Schwester Eugenie war eine profilierte Vertreterin der bürgerlichen Frauenbewegung und Buchautorin. Alle drei Tanten waren in dem Institut ihrer Eltern als Lehrerinnen tätig

Hans lernt im Jahre 1906 seine erste Ehefrau'Magdalena von Möller kennen und verlobt sich im selben Jahr mit ihr.

Im Jahre 1907 heiraten sie.

Sie ist eine hervorragende Pianistin und an der theologischen Fakultät immatrikuliert. Sie nimmt regen Anteil an der Arbeit ihres Mannes. Die Ehe ist sehr glücklich bis zu Lenas frühem Tod 1919.

Nach dem Tod seiner ersten Frau Magdalena im Jahre 1919 übernimmt ihre Schwester Hedwig von Möller den Haushalt und die Erziehung der Kinder.

Im August 1920 schließt Hans mit Hedwig von Möller seine zweite Ehe. Er betont in seinen Erinnerungen, dass er damit „zugleich" einem Wunsch seiner verstorbenen Frau nachgekommen sei. Auch diese Ehe wird sehr glücklich.

Es ist kaum vorstellbar, dass auf Hans angesichts seiner Zugewandtheit und Wachheit die Mutter, die Großmutter, die Tanten und die Schwestern – allesamt sehr gestandene Frauen – ohne Einfluss geblieben sind.

Seine Schülerin und spätere Freundin des Ehepaares von Soden, Katharina Staritz, ist jedenfalls überzeugt, dass Hans von Soden für die Stellung von Frauen in Studium und Beruf überdurchschnittlich aufgeschlossen war.

Katharina Staritz in ihren Aufzeichnungen über die Breslauer Zeit: *„Für uns Studentinnen war es so wichtig, dass er uns in keiner Weise anders als die Studenten behandelte … In jener Verfassung der altpreußischen Union war die Verwendung theologisch gebildeter Frauen im kirchlichen Dienst ausdrücklich vorgesehen, und das hatten wir Vikarinnen ihm zu verdanken."*

Katharina Staritz selbst wurde auf der Grundlage des zitierten Art. 55 der Verfassung der altpreußischen Union, an deren Entstehen Hans von Soden vor seinem Wechsel nach Marburg mit gearbeitet hatte, 1938 in Breslau ordiniert und – für Theologinnen zu der Zeit absolut ungewöhnlich – verbeamtet, bevor sie einige Zeit später wegen ihres öffentlichen Eintretens für Christen jüdischer Abstammung ins Konzentrationslager kam. Von Hans von Soden findet sich in der Tat in einer von ihm verfassten Rezension von Ausgaben der Verfassungen der altpreußischen Union eine wohlwollende Kommentierung des genannten Verfassungsartikels. Er hat sich des Weiteren durch ein Referat auf der ersten Tagung des neu gegründeten Verbandes evangelischer Theologinnen hervorgetan.

3. Hans von Soden an der Kriegsfront

Als Kind seiner Zeit war für Hans von Soden der Krieg eine Realität, die er nicht grundsätzlich infrage stellte. In seinen Erinnerungen reflektiert er nachträglich seine Berufswahl, indem er den gewählten Beruf anderen klassischen Berufsbildern gegenüber stellt. Darunter ist auch der Offiziersberuf: *„Dass ich meine Wehrdienstpflicht nicht ableisten und Reserveoffizier nicht werden konnte, war mir freilich schmerzlich. Aber so sehr mich der Ernst und die entscheidende Wichtigkeit des Offiziersdienstes schon von meiner geschichtlichen Bildung her durchdrangen (die ich in der Schulzeit erheblich über das in der Schule gebotenen Maß hinaus ausgedehnt hatte, ich habe häufig das Berliner Zeughaus besucht und ziemlich eingehend studiert), so hätte ich mich nicht zu einem Beruf entschließen können, der seine eigentliche Erfüllung im Kriegsdienst findet …"*

„Wegen meines Herzfehlers war ich bei der allgemeinen Untersuchung der Wehrpflichtigen meines Jahrgangs für dauernd untauglich erklärt worden … Meine körperliche Tauglichkeit zum Feldgeistlichen, die ich zu besitzen glaubte, prüfte ich, indem ich das Reiten erlernte."

„Im Frühjahr 1915 erreichte ich beim Feldprobst in Berlin die Übernahme als freiwilliger Feldgeistlicher ‚auf eigene Verantwortung', wie er sich ausdrückte." Der Probst machte jedoch die Ordination zur Bedingung, um die Hans dann nochmal kämpfen musste, weil er ja kein kirchliches Examen hatte.

Aus einem Brief an Wolfram (zu dessen 30. Geburtstag) am 18.06.1938:
„Für mich lag in diesem Jahrzehnt ja der Krieg … Ich war trotzdem sehr glücklich in diesen Jahren."

Über die Tätigkeit als Feldgeistlicher finden wir nichts in seinen Erinnerungen, aber stattdessen eine gewissermaßen exemplarische Schilderung in dem 1937 erschienenen Buch von Ernst Lange „Hauptmann Willy Lange".[5]

Hans von Soden über Willy Lange: *„Er hat mir trotz seiner der Landeskirche und ihren Geistlichen abgeneigten Stellung seine Freundschaft geschenkt … ich habe mir diesen Dienst von Lange leisten lassen und danke Gott, dass er mir diesen Christen, der ganz im urchristlichen Sinne im Herrn lebte und sich in seinen Leib getauft glaubte, begegnen lies."*

5 Lange 1937.

Hauptmann Lange war eine Art Lichtgestalt unter den Offizieren im Ersten Weltkrieg. In dem Buch wird dies von zahlreichen Personen, meist hochrangigen Offizieren bezeugt, darunter eben auch Hans von Soden. Der Autor des Buches über Willy Lange, sein Bruder, beschreibt die Bekehrung Willy Langes zu einem Leben, das ganz Gott gewidmet ist. Als Konsequenz trat Hauptmann Lange aus der Evangelischen Kirche aus und schloss sich einer Gemeinschaft an. Das verstellte Hans von Soden nicht den Blick auf die besondere Ausstrahlung dieses Menschen, die sich auch in besonderen Führungsqualitäten als Offizier niederschlug. Das Buch gibt im Zusammenhang mit der Schilderung des Sterbens von Hauptmann Lange nach schwerer Verwundung Einblick in die Tätigkeit Hans von Sodens als Feldgeistlicher. Es wird eindrücklich geschildert, wie er zu nächtlicher Stunde nach einem größeren Kampf von Bett zu Bett eilt, weil viele Schwerverwundete und Sterbende ihn anfordern. An dieser Stelle erschließt sich vielleicht der bereits zitierte Satz, den er viele Jahre später an Wolfram schrieb: *„Ich war trotzdem sehr glücklich in diesen Jahren."* Er war bei dieser Tätigkeit als Feldgeistlicher dort gelandet, wo seine berufliche Motivation angesetzt hatte, nämlich *„dass der Pfarrberuf offenbar sehr vielen Menschen diene und ihnen in ihrem schwersten Erleben Hilfe bringe."* Hauptmann Lange war für Hans von Soden auch lebendiges Beispiel von dem, was er aus seiner wissenschaftlichen Beschäftigung mit dem Urchristentum wusste. Sein Interesse daran ging über das Wissenschaftliche hinaus und beschäftigte ihn innerlich in der Auseinandersetzung mit dem eigenen Glauben. Auf diese innere Auseinandersetzung finden wir Jahre später noch einmal einen Hinweis von Katharina Staritz: Sie berichtet von einer der mit erheblichem Zuspruch versehenen akademischen Predigten Hans von Sodens in Breslau. Sie schreibt: *„Diese Predigt führte anhand von Luthers de servo arbitrio in die Tiefe christlicher Glaubenserkenntnis und zu dem vollen Gehorsam bis zur resignatio ad infernum, für die es keine Hölle mehr gibt. Tief ergriffen hat mich damals die Wahrhaftigkeit seines Bekenntnisses: Ich weiß, dass ich diesen Glauben nicht habe, darum predige ich ihn."*[6]

6 Erhard/Haubold/Lange 2002.

4. Hans von Soden als Vater

Die Kinder von Hans und Magdalena – hier mit Großvater Hermann – werden 1908 (Wolfram), 1910 (Ekkehard) und 1912 (Otfried) geboren.

Als die Kinder klein waren, überlies Hans die Erziehung wohl weitgehend seiner Frau und den Kindermädchen. Die häufigen örtlichen Veränderungen (Rom, Berlin, Breslau) sowie die Jahre des Ersten Weltkrieges brachten dies von selbst mit sich. Wegen Magdalenas intensiver Musikausübung am Klavier und der Beschäftigung mit Theologie waren die Söhne viel den jeweiligen Kindermädchen überlassen.

Eine Cousine der drei Söhne schildert ihre Eindrücke: *„Tante Lena – auf dem Foto mit ihren drei Söhnen – war sehr streng. Bei ihr herrschte ein viel härterer Ton als bei mir zu Hause. Die Söhne mussten mit gefalteten Händen bei Tische sitzen, wenn sie nicht gerade aßen. Sie durften kein Wort sprechen, wenn sie nicht gefragt wurden … Auch später mit 16 Jahren durfte sich Wolfram nicht an der Unterhaltung der Erwachsenen beteiligen, obwohl er sehr klug und begabt war. Sein Vater wies ihn dann barsch zurück …“*

Es fällt schon schwer, dies einzuordnen.

Einen unmittelbaren Eindruck von Hans' Umgang mit seinen heranwachsenden Söhnen – auf dem Foto mit den drei Söhnen und seiner zweiten Frau Hedwig – geben uns seine Briefe an sie. Diese klingen in der Tat anders als die späteren mit den erwachsen gewordenen Söhnen. Auf der einen Seite

sind sie engagiert, zugewandt, liebevoll, auf der anderen Seite zuweilen streng, ermahnend, auch mal vorwurfsvoll an der Demütigungsgrenze – dies zum Beispiel, als Otfried einmal heimlich Motorrad fährt und ein anderes Mal bei seiner Prüfung einen „Schwanz" gemacht hat. Zum 20. Geburtstag von Wolfram schreibt Vater Hans:
„Ich freue mich auch gerade darauf, daß Du in ein Alter hineinwächst, in dem wir uns beide immer besser verstehen, wie ich denke."

Im Prinzip sind die Briefe an die erwachsen gewordenen Söhne traumhaft. Ich könnte eine zu Herzen gehende Passage nach der anderen vorlesen. Aus ihnen spricht intensive väterliche Liebe, Sorge, Zuwendung, Hilfsbereitschaft, Interesse bis ins kleinste Detail, Großzügigkeit bei finanziellen Hilfen. Beide Söhne, an die die mir vorliegenden Briefe gerichtet sind, ermahnt er immer wieder, sich unbedingt auch zu erholen, eine schöne Sportart zu wählen, verspricht hierbei finanzielle Unterstützung. Die Sprache ist einfach immer wieder wunderschön, teilweise ein wenig poetisch. Ein kleines Beispiel: Zu dem der Verlobung folgenden Geburtstag von Wolfram schreibt er: *„Das ist eine wundervolle Zeit, in der Hoffnungen der Jugend und die erste Reife des Mannes sich verbinden."* Dabei nimmt er Bezug auf die eigenen Erfahrungen mit der Zeit der Verlobung.

Eine andere Frage ist, wie alles auf die Söhne gewirkt hat, die ja im Übrigen nicht nur den Vater, sondern hintereinander auch zwei Mütter hatten, die sich als Schwestern in einer mehr oder weniger herben Wesensart ähnlich waren. Mein Vater hat wenig erzählt, aber durchaus Kritisches, aus dem hervor ging, dass er seine Kindheit als nicht sehr glücklich erlebt hat.

5. Hans von Soden als Schwiegervater

Bei Hans von Soden ist auch das eine erwähnenswerte Facette.

Hier einige Fragmente aus dem langen ersten Brief an die ihm zu diesem Zeitpunkt noch unbekannte Schwiegertochter Margret Conze nach deren Verlobung mit Sohn Wolfram: *„Meine liebe Margret! Meine Begrüßung vorhin am Fernsprecher war doch etwas gar zu kurz ... ich habe in Wolframs Wahl rückhaltloses Vertrauen ... wir als Eltern wünschen uns gar nichts als Euer Glück ... hoffentlich wird es uns gelingen, dass Du auch bei uns heimisch wirst und uns lieb gewinnst. Versuch es nur in dem Gedanken, dass Dir unsere Gefühle mit wärmster Empfindung entgegenkommen ... nimm nochmals die allerherzlichsten Wünsche für Dein Glück mit unserem Wolfram und sei gewiss, dass Dich unsere Liebe aufnimmt. Mit dem ersten väterlichen Gruß Dein ...“*

Mit Otty, Verlobte von Ekkehard, kam eine katholische Schwiegertochter ins Haus. Hans nimmt die Schwiegertochter ohne Vorbehalte an.

Aus seiner Trauansprache: *„Von besonderer Bedeutung ist es für Euch, dass Ihr in verschiedenen christlichen Konfessionen aufgewachsen seid. Davon sprechen wir ruhig in dieser ernsten Stunde; denn dies ist nichts, dessen wir uns zu schämen hätten ... möchte Euch diese wichtige Verschiedenheit der Konfessionen vor allem dazu dienen, den Gedanken und die Bedeutung der Konfession selbst ernst zu nehmen ... die schwächste und schlechteste Weise, über eine ernste Verschiedenheit eins zu werden, ist die, dass man sie verleugnet oder doch nicht wirklich ernst nimmt ...“*

Otty ist von der Toleranz ihres Schwiegervaters so beeindruckt, dass sie ihre Kinder evangelisch werden lässt.

Die Tragfähigkeit der Beziehung zu Schwiegertochter Bärbel, Frau von Otfried, erweist sich, als Otfried im Sommer 1942 von einer Bergtour nicht mehr zurückkommt.

Einige Sequenzen aus Hans von Sodens langem Brief an Bärbel unmittelbar nach Erhalt der schlimmen Nachricht: *„Ich sagte Dir gestern ferner [am Telefon], daß mir Dein gefasster tapferer Brief ein Trost war, und er ist es weiter, mein liebes, liebes Kind … der Schmerz der Eltern hat sein eigenes und besonderes Gewicht neben dem der Gattin … wie wirst Du täglich nach ihm ausschauen, ihn fragen, ihm berichten wollen – und nicht mehr dürfen … Sorgen äußerer Art sollst Du nicht haben, solange wir leben, und was wir Dir bei den Kindern helfen können, tun wir ja nur mit Freuden … aber das ist ja wenig und fast gar nichts gegenüber Deinem Leid des Verlassen seins … dazu sind wir Dir unendlich dankbar dafür, dass Du Otfried einige glückliche Jahre in seinem kurzen Leben und ihm und uns die geliebten Kinder geschenkt hast. Sein Platz bei uns ist immer für Dich bereit."*

Es folgen viele weitere einfühlende und praktisch hilfreiche Briefe und lange Aufenthalte der Kinder bei den Großeltern, die Bärbel die Freiheit geben, sich neu zu orientieren.

Dass Hans von Soden so unbeschreiblich gut Worte des Trostes finden konnte, war auch in Kreisen der Kollegen und Schüler bekannt. So erwähnt es Alfred Niebergall in dem Buch „Lebensbilder aus der Bekennenden Kirche".[7]

7 Niemöller 1949.

6. Hans von Soden als Großvater

Hans von Soden hing unendlich an seinen Enkelkindern. Er nahm sich bei jedem ihrer Besuche jedes einzelnen intensiv an und berichtete in ausführlichen Briefen an die jeweiligen Eltern der Kinder.

An Schwiegertochter Bärbel am 20.12.1943: *„Für die Kinder habe ich aus Kartonabfällen in unserer kleinen Buchdruckerei das Zahlen- und Farbdomino gemacht.“*

Die Fotoserie (ca. 1938) von Großvater Hans mit seiner Enkeltochter Wiltrud zeigt besonders anschaulich die Intensität seiner Zuwendung und seine Konzentration auf das Kind.

Enkeltochter Wiltrud berichtet: *„Ich glaube, dass wir Kinder damals im Großelternhaus nie laut waren. In dem Arbeitszimmer hielt Großvater auch Seminare ab, das wissen wir heute …*

... ein großer dunkler, mehrfach ausziehbarer ovaler Tisch, an dem die Studenten arbeiteten, diente später in unserem Elternhaus bis zu dessen Auflösung als Esstisch. Über der Tür des Arbeitszimmers hing das Bild eines Engels, der die Finger einer Hand auf die Lippen legt „Psch-Ruhe!“

Was hatte es auf sich mit dem Engel: Der „Engel“ ist der an Schulter und Kopf durchbohrte Heilige Petrus Martyr (13. Jh.). Gemalt hat es der berühmte Künstler Fra Angelico um 1440/42. Das Original ist ein Fresco, das sich im Kloster San Marco in Florenz befindet.

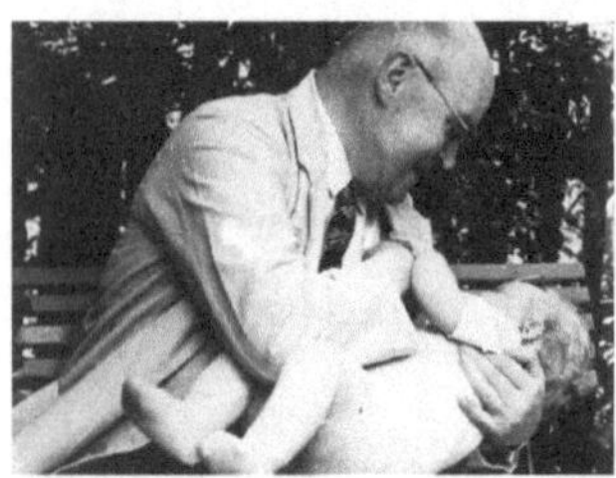

Enkeltochter Wiltrud berichtet: *„Ritual beim Ins-Bettbringen: Wir lagen in unseren Betten, Großmutter cremte uns mit Sorgfalt das Gesicht ein und Großvater sang derweil das Lied: Mit dem Pfeil den Bogen durch Gebirg und Tal ... Dieses abendliche Ritual liebte ich sehr und höre noch heute die wohlklingende Baritonstimme meines Großvaters.“*

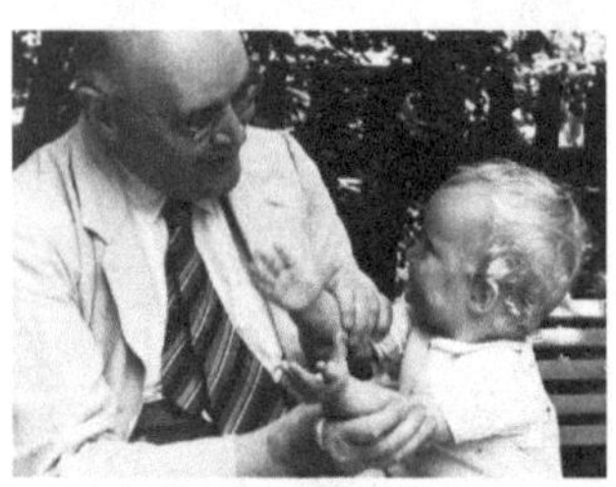

Enkeltochter Wiltrud berichtet: *„Ich liebte meinen Großvater sehr. Dazu passt auch die Erzählung, dass ich als etwa zweijähriges Kind großes Theater machte, wenn er nach einem Besuch bei uns wieder abfuhr. Man sagt, dass ich mich vor den Bus auf die Erde warf, um ihn so am Abfahren zu hindern.“*

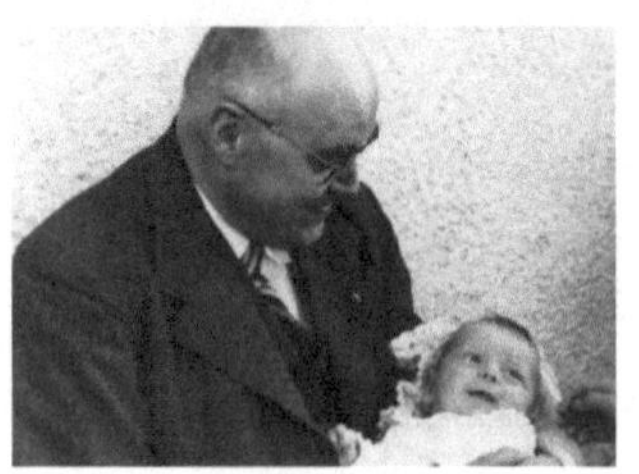

Brief von Hans von Soden an Wolfram am 28.12.1941: *„Ihr könnt ja gar nicht wissen, wie viel meine Gedanken bei Euren Kindern sind ... in diesem Jahr hatten wir 16 Wochen Enkelbesuch, dazu drei Wochen mit den Münchner Kindern in Berchtesgaden.“*

7. Kirchen- und hochschulpolitisches Engagement Hans von Sodens in der Kommunikation mit Familie, Freunden, Schülern

In seinen Briefen äußert sich Hans von Soden immer wieder zum Zeitgeschehen und zu seinem kirchen- und hochschulpolitischen Engagement. Dies betrifft nicht nur die Briefe an die Söhne, sondern auch Briefe an andere Verwandte und Freunde, z.B. Hans von Campenhausen und Rudolf Bultmann.

Das Bild zeigt Hans von Soden mit seinem Freund Rudolf Bultmann. Seite an Seite mit diesem Freund aus Breslauer Zeiten geht Hans von Soden durch die unruhigen Jahre vor und während der Zeit des NS-Regimes. Auch in Zeiten beiderseitiger Urlaube schreiben sich die beiden fortlaufend Karten – zunächst über das Wetter und die Familien – aber in der Regel auch zu Aktuellem in Fakultät und Kirche und zu in Arbeit befindlichen Veröffentlichungen. Hans von Soden ist Pate von einer der Töchter Bultmanns.

Die Freunde ergänzen sich in ihrem unterschiedlichen Vorgehen: Rudolf Bultmann: theologisch in der Argumentation, als Forum nutzt er Lehrveranstaltungen, Vorträge und akademische Gottesdienste, Hans von Soden: im Strudel der kirchlichen Gremien weit über den kurhessischen Raum hinaus. Zu Beginn der 1940er Jahre muss Hans von Soden seinen Part beenden, weil die Kraft des kranken Herzens erschöpft ist. Dennoch bleiben die Freunde im engen Austausch, so dass es nicht Wunder nimmt, dass Bultmann bei seinem Freund ist, als diesen unerwartet der Tod ereilt.

Auch bei Hans von Campenhausen war Hans von Soden Pate von dessen Sohn Christoph von Campenhausen. Die Briefe, die uns von dem Sohn Axel von Campenhausen dankenswerterweise zur Verfügung gestellt worden sind, sind weit überwiegend solche von Campenhausen an unseren Großvater, wenige umgekehrt. Sie sind zeit-wie familiengeschichtlich von Interesse.

Sohn Otfried nimmt regen Anteil an den kirchenpolitischen Aktivitäten des Vaters, liest Unterlagen („Kirchenkampfakten") und ermutigt den Vater. Wolfram und Ekkehard beurteilen die politische Lage anders. Hans bleibt seinen Söhnen dennoch emotional sehr nah. Er schweigt trotz der Differenzen in den Auffassungen das Thema in den Briefen an Wolfram nicht tot. So begegnen uns in den Briefen die verschiedenen politischen Erlebnisse von Hans von Soden zumindest sporadisch und er äußert sich schon auch mal zu Fragen der Wahl der richtigen Partei:

Brief an Wolfram am 18.6.1932: *„Osw. Bendemann [ein Neffe] schickte mir eine Broschüre von Rosenberg, das innere Gefüge des Nationalsozialismus, und einen Vortrag von Hitler über die Wirtschaftsfrage und bat mich um eine Stellungnahme, ich hatte noch nicht die Zeit, näher hineinzusehen und begreife schwer die geistige Anspruchslosigkeit, die solches Geschwätz für Wegweisung nimmt."*

Brief an Wolfram von 21.06.1932: *„Die Nazi-Studenten erscheinen jetzt in Uniform, was man natürlich einfach ignoriert!"*

Brief an Wolfram vom 05.07.1932: *„Wähle ruhig Nazi, wenn Du es aus der politischen Lage für richtig hältst. Daß ordentliche bürgerliche Leute bei den Nazi in der Partei mitmachen, kannst Du aber nicht erwarten … Auch gibt es schließlich Parteien, zu denen unsereiner aus Anstandsgründen nicht gehören kann, und das sind für mich wie die Sozi auch die Nazi."*

Hans von Sodens vorübergehende Versetzung in den Ruhestand im August 1934 löst zahlreiche briefliche Reaktionen aus dem Familien-, Kollegen- und Schüler- bzw. Studentenkreis aus.

Werner Hess, Fachschaftsführer und späterer Intendant des Hessischen Rundfunks: *„Ich übernahm die Fachschaftsführung mit der festen Hoffnung, mit Ihnen zusammen daran arbeiten zu können, die Marburger Theologenschaft weit möglichst frei zu halten von drohenden und ihr schädlichen Einflüssen. Wenn ich nun Ihre Hilfe entbehren muss, so hoffe ich dennoch, ja möchte Sie darum bitten, dass Sie mir Ihren persönlichen Rat nicht entziehen werden …"*

Schwesterchen Renata, Diakonisse, schreibt: „ … *ich fühle, dass Du auf der Linie stehst, auf die wir durch unseres Vaters Persönlichkeit und Wirken gestellt wurden und weiß ganz genau, dass Du in Treue zu dieser Auffassung so handeln musstest wie Du es getan hast.*“

Fast hellsichtig schreibt Vetter Kurt, der zu diesem Zeitpunkt nicht mehr lange leben wird. „ … *hoch ist das Glück, das Du unserer Kirche durch eben diesen Verlust geopfert hast und nun fast noch unmittelbarer als bisher ihr die Dienste zu geben vermagst, deren sie heute nicht entraten kann, und die von einem Mann, welcher nicht nur Geistlicher, sondern auch Geistwirker und der inneren Anlage nach Politiker ist, besonders fruchtbar geleistet werden.*“

Ganz im Sinne dieser Worte wird Hans von Soden kurz nach der vorübergehenden Ruhestandsversetzung dem Ruf folgen, die Leitung der Bekennenden Kirche Kurhessen-Waldeck zu übernehmen.

8. Hans von Soden als Psychologe

Diese Facette mag überraschen, allerdings nicht diejenigen, die seine Briefe gelesen haben.

Im Folgenden wenige Beispiele von den vielen: Die ersten beiden betreffen einen der Söhne in einer im Rahmen seiner Berufstätigkeit entstandenen Konfliktlage mit einem engen Kollegen, mit dem die Zusammenarbeit bisher sehr beglückend gewesen war. Vater Hans schreibt ihm über die Wirkung des Lächelns:

„*Ich weiß nicht, ob Dir die physiologische Beobachtung bekannt oder bewusst ist, dass man sich einfach nicht ärgern kann, wenn man lächelt. Ich habe sehr oft einen in Sitzungen und dergleichen aufsteigenden Ärger gelöst, indem ich lächelte, und wenn ich es nicht tun konnte, weil andere sich dadurch verletzt gefühlt hätten, so tat ich es abgewandt oder wenigstens nach innen. Man muss sich das tatsächlich selbst verordnen, um sich vom Ärger nicht an-oder gar auffressen zu lassen. Das sachliche oder sittliche Urteil über das, worüber man sich mit Recht ärgert, wird dadurch ja gar nicht gemildert, sondern nur von Stimmungsmomenten geläutert, die es trüben können.“*

In demselben Brief schreibt er über menschliche Beziehungen: *„Kein Enthusiasmus dauert im Leben und die Umstellung auf Achtung und Treue ist immer schmerzlich. Man muss dann versuchen, nicht immer auf das zu sehen, was versagt ist, sondern auf das, was gewahrt ist, und muss einander gegenseitig vergeben, dass man zu viel gewollt hat, und einander helfen, dass das Mögliche und Fruchtbare verwirklicht werde.“*

Hans von Soden äußert sich auch wiederholt zu psychologischen Fragen in der Entwicklung seiner Enkelkinder. Hier zwei Beispiele von vielen:

Brief an Sohn Wolfram vom 07.11.1942: *„Daß Wiltrud linkshändig schreibt, würde ich – glaube ich – nicht besonders bekämpfen. (Wenn ich nicht irre, tat es Otfried zunächst auch.) Im Allgemeinen ist die einseitige Ausbildung der rechten Hand sicher ein Mangel unserer Erziehung …“*

Brief an Schwiegertochter Margret vom 15.7.1944: *„Du schreibst, dass Du den Kindern immer wieder dasselbe sagen müsstest. Es gibt wohl keinen Erzieher in Haus oder Schule, dem dies anders geht, und man muss sich die Mühe nicht verdrießen lassen. Schließlich lernen die Kinder auf diese Weise zu wissen, was sich gehört, und dass sie es wissen, verraten sie öfter in der Kritik an anderen Kindern. Vom Wissen zum Tun ist freilich der Weg ja nicht nur für Kinder weit und nicht beliebt.“*

In diversen weiteren Briefen fehlt fast kein einschlägiges Thema, vom Bettnässen angefangen bis zum Kratzen usw.

9. Hans von Soden als Jurist

Hans von Campenhausen bezeichnete Hans von Soden in einem Nachruf in der Zeitschrift Kirche in der Zeit als konservativ, energisch und fast juristisch geprägt.[8] In der Tat: Sein juristisches Naturtalent – es verhält sich da m. E. ähnlich wie bei der Psychologie – kommt nicht nur in der kirchlichen Verfassungsarbeit und der freiwilligen Übernahme von Vorlesungen im Kirchenrecht sowie Veröffentlichungen, sondern auch in vielen Briefen zum Ausdruck. Gegenüber den Söhnen und Schwiegertochter Bärbel hilft er bei Steuererklärungen und gibt Rat in Rechtsfragen, die ja in jedem menschlichen Leben vielfach auftauchen. Zwei der reichlich vorhandenen Beispiele:

In einem Brief an die Schwiegertochter Bärbel vom 14.11.1942 kommentiert er deren Grunderwerbssteuerbescheid unter dem Gesichtspunkt ihrer Frage, ob sie nach dem Tod ihres Mannes weniger zahlen müsse. Hans: *„Ich glaube nicht, dass Du … Ermäßigung erreichst. Man muss sich klar machen, dass die Steuer eine sog. dingliche bzw. Verkehrssteuer ist, also von persönlichen Verhältnissen ganz unabhängig … Anfechtung ist nur möglich, wenn … Hypothekenbelastung wird wohl nicht berücksichtigt, und zwar wohl zu Recht … Ich glaube nicht, dass in dieser Rechtslage irgendwelche Billigkeitsrücksichten Platz greifen.“*

Dies als juristische Klausur für den kleinen Steuerrechtsschein wäre eindeutig „über dem Strich“ benotet worden.

In einem Brief an Otfried vom 23.10.1933 geht es um einen aufregenden Rechtsfall: Immerhin ist der von der Polizei vorgeladen worden. Zwar weiß der Vater nicht sicher, um was es geht, hat aber eine Ahnung, dass dem Jüngsten im Zuge seiner Wut auf die politischen Verhältnisse eine Beleidigung vorgeworfen wird. Nun berät er den Sohn, wie es ein wirklich zugewandter Anwalt nicht besser könnte, in

8 Campenhausen 1956.

einer Mischung aus der Erläuterung der in Betracht kommenden gesetzlichen Vorschriften sowie rechtlichen und taktischen Folgerungen. Zu den kirchenrechtlichen Aktivitäten Hans von Sodens in Schrifttum, Lehre und Kirche fehlt auf dieser Tagung ja leider ein eigenes Referat, das es hierfür tatsächlich bräuchte. Natürlich hat mich diese Seite meines Großvaters als Kirchenjuristin besonders interessiert.

Mit Leidenschaft hat Hans von Soden kirchliche Verfassungsarbeit gemacht. Insofern, so schrieb er in seinen Erinnerungen, sei die Annahme des Rufs nach Marburg ein Opfer gewesen, weil er sein Amt in der verfassunggebenden Versammlung der Altpreußischen Union und in dem entsprechenden Ausschuss aufgeben musste, ebenso die Aussicht, in absehbarer Zeit in die Generalsynode zu kommen.

Von Kirchenverwaltungen hat er keine gute Meinung. In der Tat hat sich im Zusammenhang mit der Berufung Harnacks nach Berlin der Oberkirchenrat nicht mit Ruhm bekleckert, als er diese verhindern wollte, wobei er nicht mit der Entschlusskraft Bismarcks gerechnet hatte. Hans von Soden 1915 an seinen Onkel Julius, der zu dieser Zeit Kabinettschef am Hof des Königs von Württemberg war: *„An Bismarck sollte man eben lernen, dass für evangelisches Christentum nicht der Oberkirchenrat maßgebend ist."*

Ebenso seine Denkschrift zum Entwurf eines Kirchengesetzes betr. Leitung und Verwaltung der Evangelischen Landeskirche von Kurhessen-Waldeck 1945 und die Verfassung der Landeskirche von 1923: *„Es ist deutlich, dass nach diesen Bestimmungen [nämlich nach der Verfassung von 1923] der Geistliche … der eigentlich zur Führung der Landeskirche bestellt ist, eine wirkliche Führung gar nicht ausüben kann … und dass ein sachkundiger, fleißiger und energischer Präsident des Landeskirchenamts tatsächlich die Führung der Kirche hat."*

Die Leidenschaft meines Großvaters für kirchliche Verfassungsarbeit kann ich gut nachempfinden, seit ich selbst an der Neuordnung unserer Kirchenordnung in Hessen und Nassau mit gearbeitet habe. Sein Entwurf einer kirchlichen Leitungsstruktur mit der uneingeschränkten Alleinherrschaft des Bischofs war zweifellos – wenn auch in der ersten Verfassung der kurhessichen Kirche nach dem Krieg aufgenommen – nicht auf Dauer zukunftsfähig. Es wurde schon gesagt: Mein Großvater gehörte zu den Kindern seiner Zeit, die, im Kaiserreich aufgewachsen, der neuen Republik misstrauten und dann in den politischen und wirtschaftlichen Wirren der Zeit nach dem Ersten Weltkrieg und dem bald beginnenden Einfluss des Nationalsozialismus zunächst auch keine positiven Erfahrungen damit machten. Und er hatte während der NS-Zeit erstmal eine Kirche erlebt, die ihrem Auftrag nicht gerecht wurde und eine Bekennende Kirche, die Mühe hatte, einmütige und jeweils zeitnahe Entscheidungen und Verlautbarungen nach außen zu fördern.

Seine Vorbehalte gegen Kirchenverwaltungen, insbesondere gegen deren juristische Leitungen, kenne ich aus meiner Zeit in eben diesem Leitungsamt zur Genüge. Sie haben gute Tradition – bekanntlich schon von Martin Luther her. Ich kann sie allerdings bei den Theologen, die 1945 nach unsäglichen Erfahrungen mit Kirche und ihrer Administration im Nationalsozialismus und mit noch wenig Erfahrungen mit einem funktionierenden parlamentarischen System nach der jungen Weimarer Verfassung und mit der neuen Volkskirche als deren Konsequenz besser nachvollziehen als bei Theologen späterer Generationen. Ich tröste mich damit: mein Großvater hat seine Enkelkinder abgöttisch geliebt hat, so hätte er auch mich geliebt und deshalb in meinem juristischen Leitungsamt unterstützt und gut beraten. Aber selbst wenn er ein hohes Alter erreicht hätte: diese Epoche in meinem Leben als Kirchenjuristin, die erst 1990 begann, hätten wir nicht gemeinsam erleben können.

10. Krankheit und Tod im Leben von Hans von Soden

In sehr jungen Jahren begegnet Hans Krankheit und Tod. Mit 10 Jahren erwirbt er den Herzfehler, der sein Leben verkürzen wird. Der Beruf des Vaters bringt ihn mit dessen „Besuchen von Trauernden und seinen damals fast täglichen Fahrten auf den Friedhof" in Berührung. 1914 verliert er unerwartet den Vater, 1915 den erst 18-jährigen Bruder. Als Feldgeistlicher ist er täglich mit der Begleitung Sterbender konfrontiert. Diese Tätigkeit hat er sich gewünscht und dafür gekämpft.

Auch wenn er in seinen Erinnerungen den frühen Tod seiner Ehefrau Magdalena nur sachlich erwähnt, ist er in Wahrheit wohl sehr tief getroffen. In einigen seiner Briefe an die Söhne erinnert er immer wieder in entsprechenden inhaltlichen Zusammenhängen an sie. So schreibt er Wolfram, dass er sein Klavierspiel ja pflegen möge, weil darin das Talent der Mutter fortlebe. In der Zeit nach dem Tod seines Sohnes Otfried durchlebt er in der Begleitung seiner Schwiegertochter Bärbel – wie es scheint – den Verlust seiner ersten Frau noch einmal. Er schreibt z. B.: *„Es ist schön, dass Du abends in Briefen liest. Das habe ich nach dem Tod von Otfrieds erster Mutter auch wochenlang getan …"*

Der Tod seines Sohnes Otfried fällt in eine Zeit (die 1940er Jahre), in der Hans von Sodens eigener Abschied von vielem begonnen hat. Die Niederlegung verschiedener Ämter im Zusammenhang mit dem Kirchenkampf in einem Zeitraum von 1937 bis 1940 sowie die zunehmende Unmöglichkeit, in sein geliebtes Italien und zu den Enkeln zu reisen, die Notwendigkeit Lehrveranstaltungen mit den wenigen nicht zum Kriegsdienst eingezogenen Studenten zu Hause durchzuführen, verstärken bei ihm zeitweilig Empfindungen von Endzeit.

Brief von Hans von Soden an Wolfram am 28. Dezember 1941: Es geht um Enkeltochter Hildegunds Taufe während eines Feldurlaubs von Wolfram: *„Es ist Eure erste Taufe, bei der wir nicht dabei sind und die ich nicht halten kann. Und es beginnt damit wohl eine Reihe von Enkel-Taufen, die ich nicht vollziehen darf [er meint: gesundheitlich], aber ich will darüber nicht wehmütig, sondern vielmehr dankbar sein, daß ich diese Taufen noch erleben darf."*

Am 30. Januar 1943 schreibt er an Schwiegertochter Bärbel: *„Man vermisst ihn [Otfried], der in all dem Unglück, an das man denkt, etwas Trost und Freude wäre."*

An Hans von Campenhausen schreibt er im November 1943: *„In den Ferien habe ich an der synoptischen Ethik gearbeitet und auch ein Stück davon geschrieben ... aber zu einer Darstellung in einem Buch fehlt es mir immer wieder an Mut und Zutrauen zu mir selbst wie zum Publikum und zur Zeit. Nach dem Krieg wird unsereiner zu den Toten gehören, auch wenn er noch leben sollte – und auch dies ist ja sehr fraglich. Ich bin immer wieder dankbar, dass ich als Lehrer im Großen und Ganzen Glück gehabt und auch manchen gedient habe. Darauf blicke ich mit Freude und im Ganzen auch mit gutem Gewissen zurück. Das übrige in meinem Leben sind zumeist interessante Misserfolge bei Versuchen, die vergeblich waren und es wohl sein mussten und, wie ich wenigstens meine, dennoch gemacht werden mussten."*

Einerseits hat sich die düstere Vision erfüllt. Hans von Soden starb knapp fünf Monate nach dem Ende des Krieges und der Nazi-Schreckensherrschaft. Bewahrheiten sollte sich aber auch noch vor seinem Tod eine fast prophetische glückliche Vision – so weit wir das mit unseren menschlichen Sinnen ermessen können – seines Schwagers Heinrich in seinem Brief an ihn 1934 aus Anlass der vorübergehenden Versetzung in den Ruhestand.

Brief des Schwagers Heinrich zur Ruhestandsversetzung 1934: *„Vielleicht öffnet sich Dir aber in der Entwicklung dieser Dinge eine Wirkungsmöglichkeit, die den Rahmen Deiner bisherigen Tätigkeit übersteigt und wo Du ausgerüstet mit dem Wissen um die Vergangenheit in der Gegenwart Kirchengeschichte gestalten kannst."*

Hans von Soden war in der Tat 1945 als Bischof der kurhessischen Kirche und als Ratsvorsitzender der EKD im Gespräch. Daran war allerdings gesundheitlich nicht zu denken, selbst wenn er länger gelebt hätte.

Aber die Vorlage für die im September 1945 zusammengetretene Notsynode zur neuen Verfassung der Evangelischen Kirche von Kurhessen-Waldeck hat Hans von Soden erstellt, und sie wurde beschlossen.

Im Bewusstsein dieses Erfolges ist er in seinem Haus in der Marburger Liebigstraße – damals noch Wörthstraße – gestorben im Beisein von Rudolf Bultmann, dem er den Brief mit der Nachricht von der Entscheidung der Synode gerade vorgelesen hat. Morgens hatte er noch mit Katarina Staritz, die im Hause von Soden zu Besuch war, gefrühstückt. Im Lauf des Vormittags klingelte ein noch heute lebender Zeitzeuge an der Haustür der von Sodens, nämlich Ulrich Kabitz, den ich anlässlich der Verleihung der theologischen Ehrendoktorwürde an ihn in Münster kennen lernte. Er war nicht Theologe und kannte Hans von Soden nur von Predigten. Er hielt sich am 2. Oktober 1945 beruflich in Marburg auf und war von seiner Schwester, einer Theologin und Schülerin von Hans von Soden, gebeten worden, Grüße auszurichten. Der damals 25-jährige Kabitz berichtet von einem heiteren Austausch an der Haustüre mit Hans von Soden.

Der Tod kam plötzlich und traf unseren Großvater in Zuversicht und Heiterkeit an, so wie seine Wesensart auch meistens gewesen war. Wir wissen allerdings nicht sicher, ob er auch noch erfahren hat, dass sein Sohn Wolfram, um dessen Heimkehr aus amerikanischer Gefangenschaft er sehr gebangt hatte, auf dem Weg nach Hause war. Der Erste Bischof der Evangelischen Kirche von Kurhessen-Waldeck Wüstemann schrieb tief betroffen an Hedwig von Soden:

„Ich hatte gehofft, die ersten Schritte in meinem neuen Amt, zu dem er mir in so unvergesslicher Weise Mut gemacht hatte, in der dauernden Beratung mit ihm gehen zu können. (Ihn, den so still gewordenen und innerlich so reichen Mann, sich zur Seite zu wissen im Ringen mit den heutigen Kräften und im Stehen vor dem Heiligen selbst, das war eine von den unschätzbaren Hilfen, deren ich nun bedürftig bin und die mir nun zerbrochen ist.).“

Und uns Enkeln ist der zugewandte, liebevolle Großvater entgangen.

Literatur

Abkürzungen nach Siegfried M. Schwertner, IATG[3] – Internationales Abkürzungsverzeichnis für Theologie und Grenzgebiete, Berlin/Boston 2014

Aland 1936
Kurt Aland, *Wer fälscht? Zu den Enthüllungen E. und M. Ludendorffs*, Berlin 1936

Aland 1979
Kurt Aland, *Glanz und Niedergang der deutschen Universität. 50 Jahre deutscher Wissenschaftsgeschichte in Briefen an und von Hans Lietzmann (1892–1942)*, Berlin/New York 1979

Aland/Aland 1982
Kurt Aland/Barbara Aland, *Der Text des Neuen Testaments. Einführung in die wissenschaftlichen Ausgaben und in Theorie wie Praxis der modernen Textkritik*, Stuttgart 1982

Andresen/Ritter 1993
Carl Andresen/Adolf Martin Ritter, *Geschichte des Christentums*, Bd. 1/1: *Altertum*, Stuttgart 1993 (ThW 6/1)

Baird 2003
William Baird, *History of New Testament Research*, Bd. 2: *From Jonathan Edwards to Rudolf Bultmann*, Minneapolis 2003

Bendemann 1995
Reinhard von Bendemann, *Heinrich Schlier. Eine kritische Analyse seiner Interpretation paulinischer Theologie*, Gütersloh 1995 (BevTh 115)

Breytenbach/Hoppe 2008
Cilliers Breytenbach/Rudolf Hoppe (Hg.), *Neutestamentliche Wissenschaft nach 1945. Hauptvertreter der deutschsprachigen Exegese in der Darstellung ihrer Schüler*, Neukirchen-Vluyn 2008

Campenhausen 1956
Hans von Campenhausen, „Hans Freiherr von Soden zum Gedächtnis", in: *KiZ* 11/10. 1956, 233 f.

Christophersen 2010
Alf Christophersen, Art.: Soden, Hans, in: *NDB* 24. 2010, 523 f.

Deines 2007
Roland Deines, „Jesus der Galiläer: Traditionsgeschichte und Genese eines antisemitischen Konstrukts bei Walter Grundmann", in: Deines u.a. 2007, 43–131

Deines u.a. 2007
Roland Deines u.a. (Hg.), *Walter Grundmann. Ein Neutestamentler im Dritten Reich* Leipzig 2007 (AKTh 21)

Dinkler 1957
Erich Dinkler, „Hans von Sodens Vorträge und Aufsätze", *ThLZ* 82. 1957, 253–256

Dinkler 1962
Erich Dinkler, Art.: Soden, Hans Freiherr von, in: *RGG*^{3} 6. 1962, 114

Dinkler 1981
Erich Dinkler, „Bibliographie Hans Freiherr von Soden. Aufgrund von Notizen, Handexemplaren und Hinweisen zusammengestellt", in: *ThR* 46. 1981, 206–218

Dinkler 1984
Erich Dinkler, „Hans Freiherr von Soden (1881–1945)", in: Dinkler/Dinkler-von Schubert/Wolter 1984, 15–35

Dinkler/Dinkler-von Schubert/Wolter 1984/^{2}1986
Erich Dinkler/Erika Dinkler-von Schubert (Hg.), Michael Wolter (Bearb.), *Theologie und Kirche im Wirken Hans von Sodens. Briefe und Dokumente aus der Zeit des Kirchenkampfes 1933–1945*, Göttingen 1984; ^{2}1986 (AKIZ A2)

Erhart/Haubold/Meyer 2002
Hannelore Erhart/Ilse Meseberg-Haubold/Dietgard Meyer, *Katharina Staritz 1903–1953*, Neukirchen-Vluyn ^{2}2002

Fenske 2005
Wolfgang Fenske, *Wie Jesus zum ‚Arier' wurde. Auswirkungen der Entjudaisierung Christi im 19. und zu Beginn des 20. Jahrhunderts*, Darmstadt 2005

Freudenstein 1983
Erich Freudenstein, *Diakonie. Aus Geschichte und Gegenwart der Inneren Mission und des Diakonischen Werks in Kurhessen-Waldeck*, bearb. v. Reinhold Freudenstein, Kassel 1983

Füllkrug 1965
Armin Füllkrug, „Hans von Sodens kirchenrechtliches Werk", in: Friedrich Wilhelm Kantzenbach/Gerhard Müller (Hg.), *Reformatio und Confessio. Festschrift für D. Wilhelm Maurer zum 65. Geburtstag am 7. Mai 1965*, Berlin/Hamburg 1965, 325–345

Geißler 2012
Hermann Otto Geißler, *Ernst Ludwig Dietrich (1897–1974). Ein liberaler Theologe in der Entscheidung. Evangelischer Pfarrer – Landesbischof – Religionshistoriker*, Darmstadt 2012 (Quellen und Studien zur hessischen Kirchengeschichte 21)

Gräßer 2008
Erich Gräßer, „Werner Georg Kümmel (1905–1995)", in: Breytenbach/Hoppe 2008, 313–331

Großmann/Landmesser 2009
Andreas Großmann/Christof Landmesser (Hg.), *Rudolf Bultmann – Martin Heidegger: Briefwechsel 1925–1975*, Frankfurt/Main 2009

Grundmann 1940
Walter Grundmann, *Jesus der Galiläer und das Judentum*, Leipzig 1940; ^{2}1941 (Veröffentlichungen des Instituts zur Erforschung des jüdischen Einflusses auf das deutsche kirchliche Leben)

Grundmann 1942
Walter Grundmann, *Das religiöse Gesicht des Judentums. Entstehung und Art*, Leipzig 1942 (Veröffentlichungen des Instituts zur Erforschung des jüdischen Einflusses auf das deutsche kirchliche Leben, Beiheft zu Germanentum, Christentum und Judentum 1)

Grunwald/Oelschläger 2014
Klaus-Dieter Grunwald/Ulrich Oelschläger (Hg.), *Evangelische Landeskirche Nassau-Hessen und Nationalsozialismus. Auswertungen der Kirchenkampfdokumentation der EKHN*, Darmstadt 2014 (QSHK 22)

Gundlach 2010
Jens Gundlach, *Heinz Brunotte 1896–1984. Anpassung des Evangeliums an die NS-Diktatur. Eine biografische Studie*, Hannover 2010

Hammann 2009
Konrad Hammann, *Rudolf Bultmann. Eine Biographie*, Tübingen 2009, ^{3}2012

Harnack 1899/1900
Adolf von Harnack, *Das Wesen des Christentums. Sechzehn Vorlesungen vor Studierenden aller Fakultäten im Wintersemester 1899/1900 an der Universität Berlin gehalten von Adolf v. Harnack*, hg. von Claus-Dieter Osthövener, Tübingen 2005

Harnack 1906
Adolf von Harnack, „Zur gegenwärtigen Lage des Protestantismus“ [1896], in: Ders., *Reden und Aufsätze*, Bd. 2, Gießen ^{2}1906, 129–157

Harnack 1909
Adolf von Harnack, *Lehrbuch der Dogmengeschichte*, Tübingen ^{4}1909, Nachdruck Darmstadt 1990

Harnack 1917
Adolf von Harnack, „Über die Sicherheit und die Grenzen geschichtlicher Erkenntnis“, Vortrag, gehalten in der Ausschusssitzung des Deutschen Museums am 6. Februar 1917, Gießen 1917; auch in: Harnack 1923a, 3–23

Harnack 1920
Adolf von Harnack, „Was hat die Historie an fester Erkenntnis zur Deutung des Weltgeschehens zu bieten?“, Vortrag 1920, in: Harnack 1923a, 171–195

Harnack 1921
Adolf von Harnack, *Marcion – Das Evangelium vom fremden Gott. Eine Monographie zur Geschichte der Grundlegung der katholischen Kirche*, Leipzig 1921 (TU 45); ²1924; Nachdruck Darmstadt 1996 (Bibliothek klassischer Texte)

Harnack 1923a
Adolf von Harnack, *Erforschtes und Erlebtes*, Gießen 1923 (Reden und Aufsätze NF 4)

Harnack 1923b
Adolf von Harnack, *Neue Studien zu Marcion*, Leipzig 1923 (TU 44/4); auch in: Harnack 1924 (1996), Anhang

Hartel 1871
Wilhelm Hartel, *Thasci Caecili Cypriani Epistulae*, Wien 1871 (CSEL 3/2)

Hein 1992
Martin Hein, „Hans von Soden und die ‚Judenfrage' ", in: Bernd Jaspert (Hg.), *Erinnern – Verstehen – Versöhnen. Kirche und Juden in Hessen 1933–1945. Dokumentation einer Tagung der Evangelischen Akademie Hofgeismar*, Kassel 1992 (Didaskalia 40), 33–58; auch in: Hein 2009d, 111–134

Hein 1994
Martin Hein, „‚Miteinander und Gegenüber'. Eine historische Analyse des Konstruktionsprinzips der ‚Grundordnung der Evangelischen Kirche von Kurhessen-Waldeck' ", in: *ZevKR* 39. 1994, 1–19

Hein 2009a
Martin Hein, „Auf der Suche nach neuer Ordnung. Der Weg der evangelischen Landeskirche von Kurhessen-Waldeck in den Jahren 1945–1947", in: Hein 2009d, 179–207

Hein 2009b
Martin Hein, „Das Jahr 1933 in der Evangelischen Landeskirche in Hessen-Kassel", in: Hein 2009d, 95–109

Hein 2009c
Martin Hein, „Geistliche Leitung und Einheit der Kirche. Zur Vorgeschichte und Einführung des Bischofsamtes in der Evangelischen Landeskirche von Kurhessen-Waldeck“, in: Hein 2009d, 53–79

Hein 2009d
Martin Hein, *Weichenstellungen der evangelischen Kirche im 19. und 20. Jahrhundert. Beträge zur Kirchengeschichte und Kirchenordnung*, Berlin/New York 2009 (AKG 109)

Hein/Dorhs 1996/2013
Martin Hein/Michael Dorhs (Hg.), *Kirche im Widerspruch*, 2 Bde., Darmstadt 1996; 2013 (Quellen und Studien zur hessischen Kirchengeschichte 2; 18–20)

Heinonen 1978
Reijo E. Heinonen, *Anpassung und Identität. Theologie und Kirchenpolitik der Bremer Deutschen Christen 1933–1945*, Göttingen 1978 (AKZG 5)

Huber 1939
Ernst Rudolf Huber, *Verfassungsrecht des Großdeutschen Reiches*, Hamburg 1939
(= 2., stark erweiterte Auflage von Ders., *Verfassung*, Hamburg 1937)

Huck/Lietzmann ^{9}1936
Albert Huck/Hans Lietzmann, *Synopse der drei ersten Evangelien*, Tübingen ^{9}1936

Hutter-Wolandt 2007
Ulrich Hutter-Wolandt, „Spagat zwischen Wissenschaft und Anpassung“, in: Deines u.a. 2007, 275–317

Jacke 1976
Jochen Jacke, *Kirche zwischen Monarchie und Republik. Der preußische Protestantismus nach dem Zusammenbruch von 1918*, Hamburg 1976

Jaspert 1971
Bernd Jaspert (Hg.), Karl Barth, *Gesamtausgabe*, Bd. V/I: *Karl Barth – Rudolf Bultmann. Briefwechsel 1922–1966*, Zürich 1971

Jerke 1994
Birgit Jerke, „Wie wurde das Neue Testament zu einem sogenannten Volkstestament ‚entjudet'?", in: Leonore Siegele-Wenschkewitz (Hg.), *Christlicher Antijudaismus und Antisemitismus: Theologische und kirchliche Programme deutscher Christen*, Frankfurt/Main 1994, 201–234

Jülicher 1938/63
Adolf Jülicher, *Itala. Das Neue Testament in altlateinischer Überlieferung*. Nach den Handschriften hg. von Adolf Jülicher, zum Druck besorgt von Walter Matzkow, Bd. 1: *Das Matthäus-Evangelium*, Berlin 1938; Bd. 2: *Marcus-Evangelium*, Berlin 1940; Bd. 3: *Lucas-Evangelium*, Berlin 1954; Bd. 4: *Johannesevangelium*, Berlin 1963

Kaiser 1989
Jochen-Christoph Kaiser, *Sozialer Protestantismus im 20. Jahrhundert. Studien zur Geschichte der Inneren Mission 1918*–1945, München 1989

Kaiser 2012
Jochen-Christoph Kaiser, „Die Landeskirche zwischen 1925 und 1945", in: Rainer Hering/Jochen-Christoph Kaiser (Hg.), *Kurhessen und Waldeck im 20. Jahrhundert. Beiträge zur Kirchengeschichte*, Bd. 2, Kassel 2012, 227–383

Kaiser/Lippmann/Schindel 1998
Jochen-Christoph Kaiser/Andreas Lippmann/Martin Schindel, *Marburger Theologie im Nationalsozialismus. Texte zur Geschichte der Theologischen Fakultät der Philipps-Universität Marburg im Dritten Reich*, Neukirchen-Vluyn 1998

Kemler 2005
Herbert Kemler, *Gott mehr gehorchen als den Menschen. Christlicher Glaube zwischen Restauration und Revolution – dargestellt an der kurhessischen Renitenz*, Gießen 2005

Kinzig 2001a
Wolfram Kinzig, „Evangelische Patristiker und Christliche Archäologen im ‚Dritten Reich'. Drei Fallstudien: Hans Lietzmann, Hans von Soden, Hermann Wolfgang Beyer", in: Beat Näf (Hg.), *Antike und Altertumswissenschaft in der Zeit von Faschismus und Nationalsozialismus.* Kolloquium Universität Zürich 14.–17. Oktober 1998, Mandelbachtal/Cambridge 2001 (Texts and Studies in the History of Humanities 1), 535–629

Kinzig 2001b
Wolfram Kinzig, „Harnack heute. Neuere Forschungen zu seiner Biographie und dem „Wesen des Christentums", in: *ThLZ* 126. 2001, 473–500

Kinzig 2004
Wolfram Kinzig, *Harnack, Marcion und das Judentum. Nebst einer kommentierten Edition des Briefwechsels Adolf von Harnacks mit Houston Stewart Chamberlain,* Leipzig 2004 (AKThG 13)

Kinzig 2017
Wolfram Kinzig, „Bultmann und Hans von Soden", in: Christoph Landvermesser (Hg.), *Bultmann Handbuch,* Tübingen 2017, 91–98

Knöppel 2000
Volker Knöppel, *Miteinander und Gegenüber. Zur Verfassungsgeschichte der Evangelischen Kirche von Kurhessen-Waldeck,* Kassel 2000

Kollmann 2009
Bernd Kollmann, *Die Jesus-Mythen. Sensationen und Legenden,* Freiburg 2009

Krüger 1921
Gustav Krüger, „Literature on Church History in Germany, Austria, Switzerland, Holland, and the Scandinavian Countries, 1914–1920", in: *HTR* 14. 1921, 283–374

Kümmel 1941
Werner Georg Kümmel, „Jesus und das Judentum“, in: *NZZ* vom 30.11.1941 (Nr. 1922 u. 1923), Bl. 3 f.

Kümmel 1958
Werner Georg Kümmel, *Das Neue Testament. Geschichte der Erforschung seiner Probleme*, Freiburg/München 1958

Kümmel 1970
Werner Georg Kümmel, *Das Neue Testament im 20. Jahrhundert. Ein Forschungsbericht*, Stuttgart 1970 (SBS 50)

Kümmel 1981
Werner Georg Kümmel, „Hans von Soden als Theologe“, in: *ThR* 46. 1981, 199–205

Kunze 2001
Rolf-Ulrich Kunze, *Die Studienstiftung des deutschen Volkes seit 1925. Zur Geschichte der Hochbegabtenförderung in Deutschland*, Berlin 2001

Lange 1937
Ernst Lange, *Hauptmann Willy Lange*, Diesdorf bei Gäbersdorf 1937

Lennep 1933
Willem van Lennep, „Marburg, das irdische Paradies der Theologen [Juli 1933]“, in: Kaiser/Lippmann/Schindel 1998, 41–48

Liebing 1977
Heinz Liebing (Hg.), *Die Marburger Theologen und der Arierparagraph in der Kirche. Aus Anlaß des 450-jährigen Bestehens der Philipps-Universität Marburg im Auftrag des Fachbereichs Evangelische Theologie neu herausgegeben und mit einer Einführung versehen*, Marburg 1977

Lindemann 2011
Andreas Lindemann, „Neutestamentler in der Zeit des Nationalsozialismus: Hans von Soden und Rudolf Bultmann in Marburg“, in: Ders., *Glauben, Handeln, Verstehen. Studien zur Auslegung des Neuen Testaments*, Bd. 2, Tübingen 2011, 450–485 (WUNT 282)

Lippmann 2003
Andreas Lippmann, *Marburger Theologie im Nationalsozialismus*, München 2003 (Academia Marburgensis 9)

Lips 2008
Hermann von Lips, „Erich Dinkler (1909–1981)", in: Breytenbach/Hoppe 2008, 187–198

Ludendorff 1936
Erich und Mathilde Ludendorff, *Das große Entsetzen. Die Bibel nicht Gottes Wort*, München 1936

Mehlhausen 1994
Joachim Mehlhausen, Art. Nationalsozialismus und Kirchen, in: *TRE* 24. 1994, 43–78

Meier 1976/84
Kurt Meier, *Der evangelische Kirchenkampf. Gesamtdarstellung in drei Bänden*, Göttingen 1976–1984

Meier 1996
Kurt Meier, *Die Theologischen Fakultäten im Dritten Reich*, Berlin 1996

Meijering 1985
E[ginhard] P[eter] Meijering, *Die Hellenisierung des Christentums im Urteil Adolf von Harnacks*, Amsterdam et al. 1985 (Verhandelingen der Koninklijke Nederlandse Akademie van Wetenschapen, Afd. Letterkunde, Nieuwe Reeks 128)

Merk 1999
Otto Merk, Art.: Kümmel, Werner Georg, in: *DBIn* 2. 1999, 40 f.

Merk 2005
Otto Merk, „Viele waren Neutestamentler. Zur Lage neutestamentlicher Wissenschaft 1933–1945 und ihrem zeitlichen Umfeld", in: *ThLZ* 130. 2005, 106–120

Merk 2008
Otto Merk, „Die evangelische Kriegsgeneration", in: Breytenbach/Hoppe 2008, 1–58

Niemöller 1949
Wilhelm Niemöller (Hg.), *Lebensbilder aus der Bekennenden Kirche*, Bielefeld 1949

Ott 2008a
Katrin Ott, Art.: Soden, Hans Freiherr von, in: *RGG*[4] 7. 2008, 1412

Ott 2008b
Katrin Ott, Art.: Soden, Hermann Freiherr von, in: *RGG*[4] 7. 2008, 1412

Parker 2008
D.C. Parker, *An Introduction to the New Testament Manuscripts and Their Texts*, Cambridge 2008

Pauli (Pettke) 2004
Sabine Pauli (Pettke), „Die Theologischen Institute von 1933–1945", in: Heinrich Holze (Hg.), *Die Theologische Fakultät Rostock unter zwei Diktaturen. Studien zur Geschichte 1933–1989. Festschrift für Gert Haendler*, Münster 2004 (RThSt 13), 35–60

Pieper 1937
Karl Pieper, *Ludendorff und die heilige Schrift. Antwort auf die Schrift: Das große Entsetzen – Die Bibel nicht Gottes Wort*, München 1937

Ritschl 1857
Albrecht Ritschl, *Die Entstehung der altkatholischen Kirche. Eine kirchen- und dogmengeschichtliche Monographie*, Bonn [2]1857

Schäferdiek 1984
Knut Schäferdiek, Art. Germanisierung des Christentums, in: *TRE* 12. 1984, 521–524

Schäferdiek 1996
Knut Schäferdiek, „Germanisierung des Christentums?", in: *EvErz* 48. 1996, 333–342

Schenk 2002
Wolfgang Schenk, „Der Jenaer Jesus. Zu Werk und Wirken des völkischen Theologen Walter Grundmann und seiner Kollegen", in: Peter von der Osten-Sacken (Hg.), *Das missbrauchte Evangelium.*

Studien zu Theologie und Praxis der Thüringer Deutschen Christen, Berlin 2002 (20), 167–279

Slenczka 1977
Hans Slenczka, *Die evangelische Kirche von Kurhessen-Waldeck in den Jahren von 1933 bis 1945*, Göttingen 1977

Soden (Hans von) o.J.
Hans von Soden, „Hat Ludendorff recht?", in: *Deine Kirche. Volksmissionarische Schriftenreihe* 7, Marburg o.J.; auch in Soden (Hans von) 1951/56, Bd. 1, 128–149

Soden (Hans von) 1904
Hans von Soden, *Die cyprianische Briefsammlung. Geschichte ihrer Entstehung und Überlieferung*, Leipzig 1904 (TU NF 10/3)

Soden (Hans von) 1909a
Hans von Soden, „Der Ketzertaufstreit zwischen Stephanus von Rom und Cyprian von Karthago", in: *QFIAB* 12. 1909, 1–42

Soden (Hans von) 1909b
Hans von Soden, *Das lateinische Neue Testament in Afrika zur Zeit Cyprians nach Bibelhandschriften und Väterzeugnissen*, Leipzig 1909 (TU 33)

Soden (Hans von) 1909c
Hans von Soden, *Sententiae LXXXVII episcoporum. Das Protokoll der Synode von Karthago am 1. September 256, textkritisch hergestellt und überlieferungsgeschichtlich untersucht*, Berlin 1909 (Nachrichten von der Königlichen Gesellschaft der Wissenschaften zu Göttingen, phil.-hist. Kl.), 247–307

Soden (Hans von) 1911
Hans von Soden, „Die Geschichte der altchristlichen Kirche in Nordafrika", in: *ChW* 25. 1911, 53–57; 106–111; auch in: Soden 1951/56, 73–88

Soden (Hans von) 1913
Hans von Soden, *Urkunden zur Entstehungsgeschichte des Donatismus*, Bonn 1913 (KlT 122)

Soden (Hans von) 1919
Hans von Soden, *Geschichte der christlichen Kirche*, Bd. 1: *Die Entstehung der christlichen Kirche. Voraussetzungen und Anfänge der kirchlichen Entwicklung des Christentums*, Bd. 2: *Vom Urchristentum zum Katholizismus. Die frühkatholische Entwicklung der christlichen Kirche bis zum Konstantinischen Kirchenfrieden*, Leipzig/Berlin 1919 (Aus Natur und Geisteswelt 690–691)

Soden (Hans von) 1921a
Hans von Soden, „Adolf von Harnacks Marcion", in: *DLZ* 42. 1921, 689–696

Soden (Hans von) 1921b
Hans von Soden, „Oswald Spenglers Morphologie der Weltgeschichte und die Tatsachen der Kirchengeschichte" [1921], in: Soden (Hans von) 1951/56, Bd. 2, 1–20

Soden (Hans von) 1922a
Hans von Soden, Rez. von Harnack 1921, in: *ZKG* 40. 1922, 191–206

Soden (Hans von) 1922b
Hans von Soden, „Unsere Pflicht zur Kirchenpolitik" [1922]; auch in: Soden (Hans von) 1951/56, Bd. 2, 195–218

Soden (Hans von) 1924a
Hans von Soden, „Die Geschichte der christlichen Kirche bei Oswald Spengler" [1924], in: Soden (Hans von) 1951/56, Bd. 2, 21–55

Soden (Hans von) 1924b
Hans von Soden, Rez. von Harnack 1923b, in: *ZKG* 43. 1924, 261–264

Soden (Hans von) 1927a
Hans von Soden, Art. Altchristliche Literaturgeschichte, in: *RGG*^{2} 1. 1927, 261–271

Soden (Hans von) 1927b
Hans von Soden, Art. Christentum: II. Geschichtliche Entwicklung, in: *RGG*^{2} 1. 1927, 1537–1549

Soden (Hans von) 1927c Hans von Soden, *Was ist Wahrheit. Vom geschichtlichen Begriff der Wahrheit* (MAkR 46), Marburg 1927

Soden (Hans von) 1928a
Hans von Soden, Art. Erlösung, IV. Dogmengeschichtlich, in: *RGG*[2] 2. 1928, 274–279

Soden (Hans von) 1928b
Hans von Soden, Art. Harnack, 1. Adolf von, in: *RGG*[2] 2. 1928, 1633–1636

Soden (Hans von) 1931a
Hans von Soden, „Adolf von Harnacks Schriften", in: *Adolf von Harnack zum 7. Mai 1931,* Verlagsprospekt 1931

Soden (Hans von) 1931b
Hans von Soden, Art. Versöhnung: IV. Dogmengeschichtlich, in: *RGG*[2] 5. 1931, 1564–1568

Soden (Hans von) 1931c
Hans von Soden, *Die Entstehung des Christentums, PWG,* Bd. 2: *Hellas und Rom: Die Entstehung des Christentums,* Berlin 1931, 475–544

Soden (Hans von) 1931d
Hans von Soden, „Die Krisis der Kirche", in: Rudolf Bultmann/Ders./Heinrich Frick, *Krisis des Glaubens – Krisis der Kirche – Krisis der Religion. Drei Marburger Vorträge,* Gießen 1931, 23–52; auch in: Soden 1951/56, Bd. 1, 25–55

Soden (Hans von) 1931e
Hans von Soden, „Sakrament und Ethik bei Paulus. Zur Frage der literarischen und theologischen Einheitlichkeit von 1 Kor. 8–10", in: Heinrich Frick/Rudolf-Otto-Festgruß (Hg.) *Marburger Theologische Studien,* Heft 1: *Zur biblischen Theologie,* Gotha 1931, 1–40; auch in: Soden (Hans von) 1951/56, Bd. 1, 239–275; auch in: Karl Heinrich Rengstorf in Verbindung mit Ulrich Luck (Hg.), *Das Paulusbild in der neueren deutschen Forschung,* Darmstadt [2]1969 (WdF 24), 338–379

Soden (Hans von) 1933a
Hans von Soden, *Christentum und Kultur in der geschichtlichen Entwicklung ihrer Beziehungen,* Tübingen 1933 (SVG 165); auch in: Soden 1951/56, Bd. 1, 56–89

Soden (Hans von) 1933b
Hans von Soden, „Die Marburger Theologie", in: *Marburg. Die Universität in der Gegenwart*, Marburg 1933, 15–17; auch in: Kaiser/Lippmann/Schindel 1998, 3–6

Soden (Hans von) 1934
Hans von Soden, „Die Christianisierung der Germanen", in *ZEvRU* 44. 1934, 146–166; auch in: Soden 1951/56, Bd. 2, 111–139

Soden (Hans von) 1938
Hans von Soden, „Augustinus, der Vater der abendländischen Kirche", in: *JK* 6. 1938, 142–152; 286–293; auch in: Soden 1951/56, Bd. 2, 89–110

Soden (Hans von) 1939a
Hans von Soden, „Ein erdichtetes Markusevangelium", in: *ThBl* 18, 1939, 65–81; auch in: Soden (Hans von) 1951/56, Bd. 1, 214–238

Soden (Hans von) 1939b
Hans von Soden, Rez. von Huck/Lietzmann [9]1936, in: *Gnomon* 15. 1939, 30–37

Soden (Hans von) 1941
Hans von Soden, *Die Synoptische Frage und der geschichtliche Jesus*, Essen 1941

Soden (Hans von) 1942
Hans von Soden, „Jesus der Galiläer und das Judentum", in: *DtPfrBl* 46. 1942, 49–51; auch in: Soden (Hans von) 1951/56, Bd. 1, 150–158

Soden (Hans von) 1951/56
Hans von Soden, *Urchristentum und Geschichte. Gesammelte Aufsätze und Vorträge*, Bd. 1: *Grundsätzliches und Neutestamentliches*, Tübingen 1951; Bd. 2: *Kirchengeschichte und Gegenwart*, Tübingen 1956

Soden (Hans von) 1957/58
Hans von Soden, „Der ‚Entwurf eines Kirchengesetzes betreffend die Leitung und Verwaltung der Evangelischen Landeskirche von Kurhessen-Waldeck' 1945 und die Verfassung 1923. Denkschrift 1945", in: *ZevKR* 6. 1957/58, 183–191

Soden (Hermann von) 1902/13
Hermann von Soden, *Die Schriften des Neuen Testaments in ihrer ältesten erreichbaren Textgestalt hergestellt auf Grund ihrer Textgeschichte*, 4 Bde., Berlin 1902–1913

Soden (Hermann von) 1905
Hermann von Soden, *Urchristliche Literaturgeschichte* (Die Schriften des Neuen Testaments), Berlin 1905

Stahl 2013
Michael Stahl, *Vom Nationalsozialismus in die Demokratie. Die Evangelische Landeskirche von Kurhessen-Waldeck während der Amtszeit von Bischof Adolf Wüstemann (1945–1963)* Stuttgart et al. 2013 (KuG 48)

Telschow 2013
Jürgen Telschow, *Ringen um den rechten Weg. Die evangelische Kirche in Frankfurt am Main zwischen 1933 und 1945*, Darmstadt 2013 (QSHK 24)

Wähler 1963
Klaus Wähler, *Die Ordnung der Evangelischen Kirche in Hessen und Nassau. Kirchenbegriff und Struktur einer neuen Kirchenverfassung*, Frankfurt/Main 1963

Wesseling 1995a
Klaus-Gunther Wesseling, Art. Soden, Hans Freiherr von, in: *BBKL* 10. 1995, 714–722

Wesseling 1995b
Klaus-Gunther Wesseling, Art. Soden, Hermann Freiherr von, in: *BBKL* 10. 1995, 722–727

Winkel 1935
Max Erich Winkel, *Der Sohn. Die evangelischen Quellen und die Verkündigung Jesu von Nazareth in ihrer ursprünglichen Gestalt und ihre Vermischung mit jüdischem Geist*, Kampen 1935

Winkel 1937
Max Erich Winkel, *Das ursprüngliche Evangelium, befreit von den erst nachträglich angebrachten dogmatischen Änderungen und Zusätzen, aus den ältesten Texten der Evangelienhandschriften wieder gewonnen und*

im Rhythmus des Urtextes wort- und sinngetreu ins Deutsche übertragen, Bd. 1: *Das Evangelium nach Markus*, Kampen 1937

Wischmeyer 2004
Wolfgang Wischmeyer (Hg.), *Aus der Werkstatt Harnacks. Transkription Harnackscher Seminarprotokolle Hans von Sodens (Sommersemester 1904 – Wintersemester 1905/06)*, Berlin/New York 2004 (AKG 91)

Wolter 2000
Michael Wolter, Art. Soden, Hans Freiherr von (1881–1945), in: *TRE* 31. 2000, 420–423

Zahn-Harnack ²1951
Agnes von Zahn-Harnack, *Adolf von Harnack*, Berlin ²1951

Autoren

Prof. Dr. Jochen-Christoph Kaiser, bis 2012 Professor für neueste Kirchengeschichte und historische Frauenforschung am Fachbereich Theologie der Philipps-Universität Marburg.

Professor Dr. Martin Hein, Bischof der Evangelischen Kirche von Kurhessen-Waldeck, Kassel.

Dr. theol. Ulrich Oelschläger, Präses der Synode der EKHN, Studiendirektor i.R.

Prof. Dr. Friedrich W. Horn, Universitätsprofessor für Neues Testament an der Evangelisch-Theologischen Fakultät der Johannes Gutenberg-Universität Mainz.

Prof. Dr. Wolfram Kinzig, Universitätsprofessor für Kirchengeschichte (Schwerpunkt Alte Kirchengeschichte), Rheinische Friedrich-Wilhelms-Universität, Bonn.

Dr. Michael Stahl promovierte als Mitarbeiter am Hans-von-Soden-Institut unter Betreuung von Jochen-Christoph Kaiser über die EKKW während der Amtszeit von Bischof Adolf Wüstemann (1945–1963) und ist seit 2010 Pfarrer in Barchfeld im Kirchenkreis Schmalkalden.

Oberkirchenrätin i.R. Sigrid Bernhardt, geb. von Soden, war bis 2010 Leiterin der Kirchenverwaltung der EKHN, Stuttgart.

Personenregister

Zeitfracht Medien GmbH
Ferdinand-Jühlke-Straße 7
99095 Erfurt, Deutschland
produktsicherheit@kolibri360.de